LA
RUSSIE INCONNUE

·TABLE GÉNÉRALE DES MATIÈRES

MME SIMONOFF

LA
RUSSIE INCONNUE

DANS LES MONTS — DANS LES FORÊTS

DANS LES NEIGES

RÉCITS TRADUITS DU RUSSE AVEC L'AUTORISATION DE L'AUTEUR

PAR

Léon GOLSCHMANN et Ernest JAUBERT

PARIS

GARNIER FRÈRES, LIBRAIRES-ÉDITEURS

6, RUE DES SAINTS-PÈRES, 6

LA RUSSIE INCONNUE

DANS LES MONTS

LAATCHA

CHAPITRE I

EN PLEINE FORÊT

UN BAMBIN PERDU DANS UN HALLIER. — L'OURSE
ET SON PETIT. — UN SAUVEUR INATTENDU.

C'était en été. Chez nous, à Saint-Pétersbourg,
régnait une nuit calme et sereine, tandis que là-bas
au loin, sur la limite de la Russie et de la Sibérie,
au-dessus des monts Ourals, se déchaînait la
tempête; dans les montagnes l'écho répercutait
les roulements du tonnerre ; dans la forêt, sombre
et épaisse, les éclairs, qui brillaient à chaque instant, le gémissement des arbres et le sifflement
du vent plongeaient dans l'épouvante les bêtes
fauves. Les ours, les loups, les renards, les rennes

et les élans s'étaient abrités depuis longtemps, qui dans leur tanière, qui dans une caverne ou sous les branches des cèdres, des pins et des sapins. Les petites bêtes à fourrures : zibelines, martres, hermines et écureuils, s'étaient tout d'abord, dès les premières gouttes de pluie, tapies dans leurs trous ou dans les creux des arbres ; les gelinottes et les tétras s'étaient réfugiés dans leurs nids, tandis que dans les hautes herbes, sur les bords du fleuve, se cachaient les oies, les canards et les cygnes.

Dans la forêt tout est désert, pas un être vivant n'apparaît, ni homme, ni quadrupède, ni oiseau ; partout les ténèbres. Les arbres se balancent et font bruire leurs cimes ; le vent qui s'engouffre dans les défilés des montagnes hurle et pleure, comme si une dizaine d'enfants s'étaient à la fois égarés dans la forêt. Un éclair brille dans le ciel, illumine pour un instant les sombres halliers et disparaît. La forêt s'étend au delà des monts Ourals, sur des centaines de verstes (1) dans toutes les directions, et se trouve séparée des villes et villages russes par des marais. Elle est habitée par des naturels, les Vogoules.

Au bord de la rivière de Lozva, qui sort des monts Ourals et traverse la forêt, sont situées deux *iourtas* ou pour mieux dire deux *izbas* (2) de Vogoules ; à une trentaine de verstes de là trois

---

(1) La verste vaut 1.067 mètres.
(2) *Iourta*, hutte des aborigènes sibériens, sans fenêtres, et percée d'un trou dans le plafond, par où s'échappe la fumée. *Izba*, chaumière.

autres, et à quinze verstes plus loin, une autre encore : ces cabanes sont ainsi disséminées dans toute la forêt.

Tout est désert autour d'elles ; où que l'on jette les regards, on n'aperçoit que la forêt épaisse où rôdent des bêtes féroces. Nous autres, nous aurions peur à vivre ainsi dans des iourtas isolées, et cette existence nous pèserait ; mais les Vogoules y sont accoutumés. Ce sont des sauvages ; nés dans la forêt, ils y ont grandi, et ne vivent que de la chasse. ils se nourrissent d'une partie de leur proie et échangent le surplus chez les marchands et les paysans russes contre le pain, le linge et les vêtements. Il faut ajouter qu'ils sont idolâtres et très superstitieux.

Au bord de la même Lozva, à une distance de trois verstes environ des premières iourtas, s'élève une chaîne de roches calcaires. Elles trouent de leur blancheur les ténèbres de la nuit et, à la lueur des éclairs, apparaissent comme argentées. Dans l'une de ces roches se trouve une petite caverne qui s'ouvre sur la rivière. Dans cette caverne, pendant l'orage, blotti tout au fond, dans un coin, contre la paroi glaciale et humide, était assis un petit Vogoule, Laatcha, un garçonnet de sept ans environ. Il n'avait sur lui qu'une chemise, et son corps bruni grelottait de froid ; cette chemise n'arrivait pas à recouvrir ses pauvres petits pieds nus, salis et bleuis ; ses menottes étaient sorties des manches et serrées étroitement contre sa poitrine. Des cheveux noirs et bouclés couvraient comme d'un bonnet la tête de Laatcha. La physionomie de l'enfant exprimait la crainte et le désespoir, les larmes coulaient de ses yeux noirs. La seule perspective de passer cette nuit sombre dans la caverne aurait déjà suffi pour l'effrayer, et les roulements du tonnerre, la lueur des éclairs ne faisaient qu'augmenter sa terreur.

Le garçonnet savait que, la nuit, se promène dans la forêt le dieu du mal Meïk, qui enlève les gens perdus dans le bois, et que l'orage est envoyé par le dieu principal Taryme pour témoigner son mécontentement aux Vogoules. Et l'enfant tantôt croyait voir Meïk se glisser dans la caverne pour l'emporter, tantôt s'imaginait que Taryme lançait la foudre exprès pour le tuer, lui, Laatcha.

Ces souffrances morales étaient encore accrues par la sensation du froid, de l'humidité et de la faim. L'enfant n'avait rien mangé depuis midi. Il était allé avec son père à la chasse : assez loin de la iourta, ils avaient rencontré un renne ; son père avait fait feu, mais l'animal ensanglanté s'était jeté dans le fourré où il avait disparu.

Alors le père avait dit à son fils :

— Laatcha, attends-moi ici.

Et il s'était élancé à la poursuite de l'animal. Mais Laatcha, au lieu de rester là, avait eu l'idée de courir à la rencontre de son père par un chemin de traverse et il s'était perdu.

Longtemps il courut ainsi en riant, tout joyeux de son idée ; et la forêt devenait toujours plus sombre et plus épaisse.

Quelque part au loin il entendit un second coup de feu et pensa : « Le père est là ». Mais il ne put le découvrir. Peu à peu, le rire de l'enfant avait cessé, et l'inquiétude remplaçait sur son visage la joyeuse expression de naguère.

Laatcha se mit à appeler son père, mais l'écho seul lui répondait. Pendant longtemps le garçonnet avait couru tantôt à droite, tantôt à gauche ; tantôt se précipitant en avant, tantôt revenant en arrière et criant de toute la force de ses poumons ; mais impossible de retrouver ni son père, ni le chemin qui menait à la iourta.

Accablé de fatigue, les larmes aux yeux, il tomba au pied d'un arbre touffu et se mit à sangloter ; peu à peu cependant ses sanglots devenaient plus faibles, et finalement ils cessèrent tout à fait : la fatigue avait eu raison de l'enfant, il s'était endormi. Sur ces entrefaites le soleil s'était couché ; l'obscurité se répandit dans la forêt, le ciel se couvrit, des gouttes de pluie se mirent à tomber.

Laatcha dormait profondément et rêvait qu'il était à la maison, dans sa iourta ; sa mère lui servait du « *salyme* », sorte de bouillie faite avec des dos de poissons, et liée avec de la farine de seigle et de l'huile de poisson. Cette bouillie était le mets préféré de Laatcha. Au moment où il avait fini de manger et léchait le fond de la terrine, le vent qui s'était élevé agita les cimes des arbres, et secoua avec tant de force celui dont le feuillage abritait le sommeil de l'enfant, qu'il en fit tomber un tout petit écureuil. Tout ahuri de sa chute et transi de froid, le mignon animal se prit d'abord à courir çà et là, puis il se glissa sous la chemise de Laatcha, et, se sentant au chaud, se serra contre son corps.

Cela éveilla l'enfant. Il saisit le petit être, à peine plus grand qu'une souris, le regarda en souriant et s'amusa à le balancer de côté et d'autre. Mais la mère surveillait son petit, du haut de l'arbre.

Petit écureuil.

En l'apercevant dans les mains de Laatcha, elle comprit qu'un danger le menaçait, elle sauta à bas de l'arbre et se mit à bondir autour de Laatcha, en le mordant si fort avec ses petites dents pointues, que l'enfant poussa un cri et lâcha son prisonnier.

En ce moment retentit le premier coup de tonnerre; alors seulement, Laatcha se souvint qu'il s'était égaré, et il se leva brusquement, saisi de terreur.

Sa première pensée fut de fuir, mais où? Il jeta un regard autour de lui, et vit briller, à travers les branches des arbres, les ondes grises du fleuve. Il en éprouva une grande joie, supposant que sa iourta ne devait pas être loin, puisqu'elle était située sur le bord de l'eau.

Mais il se trompait; aucune habitation n'existait là; seuls se dressaient des rochers blancs.

Un formidable coup de tonnerre éclata tout au-dessus de la tête de Laatcha, un éclair courut en zigzag dans le ciel gris; un murmure, un frémissement passa dans les arbres, sur le fleuve; les crêtes des ondes se couvrirent d'une écume blanche, et aussitôt une pluie diluvienne s'abattit sur la forêt. L'enfant se mit à pleurer de peur; il ne savait à quoi se résoudre, quand tout à coup il se ressouvint qu'une fois, s'étant trouvés, sa mère et lui, surpris par l'orage dans la forêt, loin de la iourta, ils avaient cherché un abri dans la caverne des roches blanches, où ils avaient attendu la fin de la bourrasque. Il s'élança vers les roches, pénétra dans la caverne et s'y blottit dans un coin.

Le tonnerre ne cessait de gronder, les éclairs brillaient à tout moment dans le ciel, illuminant tous les environs d'une lueur intense.

Il y avait déjà une heure et demie que Laatcha se tenait dans la caverne, et l'orage continuait toujours. Il avait cessé de crier, sachant bien qu'il se trouvait maintenant loin de la iourta et que personne ne l'entendrait. Tremblant de froid et de frayeur, abritant ses menottes dans sa poitrine, l'enfant regardait les flots se briser contre une énorme pierre, debout au milieu du fleuve, où l'eau écumait et jaillissait dans toutes les directions, et toute la surface de l'eau se couvrir de bulles formées par la chute des gouttes de pluie. Des larmes coulaient de ses yeux; il pensait qu'en ce moment, à la maison, sa mère, son père et ses frères avaient peut-être soupé avec du renne frais tué par son père, et s'étaient couchés dans la iourta chaude, bien enveloppés de fourrures.

Ces pensées lui rendirent encore plus sensible le froid qu'il endurait, et sa faim se manifesta par des crampes d'estomac.

C'est ici que reprend notre récit.

Le vent, en s'engouffrant dans les fentes des rochers, exhalait des hurlements lugubres, interrompus de temps en temps par des sortes de cris plaintifs. Le garçonnet écoutait avec frayeur, croyant reconnaître la voix de Meïk.

Voici que les roulements de la foudre, multipliés par les échos des montagnes, retentirent sourdement dans la forêt; un éclair courut dans le ciel, un feu brilla au milieu d'un bouquet d'arbres, qui se dressaient sur un îlot juste en face de la caverne, et des langues de flammes enveloppèrent les troncs et les rameaux.

L'enfant regardait l'incendie avec curiosité, mais ce sentiment fit bientôt place à la terreur : de l'îlot arriva jusqu'à ses oreilles un long gron-

dement, une masse sombre surgit à quelques pas
des arbres en flammes, roula en tourbillon jusqu'à
la rivière et tomba lourdement dans l'eau. Le cœur
de l'enfant palpitait d'anxiété, ses yeux se dila-
taient, il s'était levé, et avec une attention fiévreuse
suivait du regard la masse sombre qui, fendant
les ondes, voguait vers lui : « C'est Meïk ! » pensa-
t-il, et il voulut crier, mais la voix s'arrêta dans
sa gorge. Et cependant l'énorme animal sortit de
l'eau en soufflant ; il se secoua et, se dressant sur
ses pattes de derrière, se dirigea vers la caverne.

Laatcha put voir distinctement que ce n'était
pas Meïk, mais un ours d'une taille extraordinaire.
Il n'en fut pas plus rassuré pour cela. Les yeux à
demi clos, se rendant à peine compte de ce qui se
passait autour de lui, il sentit, plutôt qu'il ne le
vit, que l'ours s'était arrêté à l'entrée de la caverne
en reniflant.

Le cœur de l'enfant sautait dans sa poitrine,
sa vue se troubla, lorsque l'ours, se remettant
sur ses quatre pattes, s'approcha lentement de
lui et se mit à le flairer ; puis il le poussa avec
son museau, le retourna d'un seul mouvement
presque imperceptible de sa patte et, poussant
un petit grondement qui n'avait rien de terrible,
se recula. Il n'avait pas faim, il venait de souper
avec un faon d'élan ; en outre, il ne sentait pas
l'odeur irritante de la poudre, il voyait que
l'enfant était désarmé : il se coucha tranquillement
près de lui. La masse de son corps tenait presque
toute la caverne.

La lueur de l'incendie éclairait l'îlot, la rivière

et ses bords. En dépit de la pluie, le feu sautait d'un arbre à l'autre, jusqu'à ce que le dernier sapin se fût consumé. Après avoir ainsi détruit tout le bouquet d'arbres, il lécha une ou deux fois le sol humide et s'éteignit; la pluie inonda les derniers tisons, et l'îlot apparut complètement dénudé, ne laissant voir à la place des arbres que des souches brûlées et noircies. C'en était fait des cèdres et des sapins gigantesques! Seuls, des oiseaux tournoyaient en criant au-dessus de l'endroit incendié. Le vent augmenta et se mit à chasser les nuages noirs vers l'occident; à l'orient apparurent des coins de ciel bleu.

Lorsque Laatcha fut complètement revenu à lui et qu'il osa jeter un coup d'œil sur son voisin, il vit que l'ours était étendu tout de son long et sommeillait tranquillement. S'il allait s'éveiller! Un seul coup de sa patte velue suffirait pour le tuer. Laatcha aurait voulu s'enfuir loin du terrible animal, mais il n'osait pas bouger de place. Toutefois son hésitation ne dura que quelques instants : le garçonnet prit son parti : il souleva d'abord légèrement la tête, s'accroupit avec précaution et tout à coup sauta lestement sur ses jambes ; puis il s'élança, rapide comme une flèche, hors de la caverne. Il courut le long du rivage aussi longtemps que ses forces le lui permirent, s'arrêta quelques secondes pour reprendre haleine et prêter l'oreille, afin de s'assurer s'il n'était pas poursuivi, et continua de nouveau sa course en avant.

A un endroit le rivage faisait un coude, formant

un cap. Laatcha le tourna, se glissa derrière les buissons qui croissaient là et jeta un coup d'œil en arrière. On n'apercevait plus les cavernes, et il acquit la certitude qu'il s'en trouvait fort éloigné, que l'ours ne parviendrait plus à le rejoindre. En effet, l'animal ne songeait pas à le poursuivre ; mais à peine l'enfant, un peu rassuré, s'était-il assis par terre, pour se reposer, que, du côté de la forêt, se fit entendre un craquement de branches qui se brisaient, accompagné de pas lourds.

— C'est lui! pensa Laatcha, qui croyait déjà revoir son terrible voisin.

Saisi de terreur, il s'élança instinctivement vers le premier arbre qui s'offrit à ses yeux, et grimpa dessus avec l'agilité d'un écureuil. Entourant de ses bras la cime du pin et s'accrochant à l'une de ses branches flexibles, Laatcha se serra fortement contre le tronc et retint son souffle.

Cependant les pas lourds se rapprochaient de plus en plus. Les regards de l'enfant se tournèrent involontairement du côté où se faisait entendre le craquement des branches. Il s'attendait d'un moment à l'autre à apercevoir la silhouette terrible de l'ours qui s'arrêtait, reniflait et grimpait sur l'arbre où il était juché. Le pauvre petit cœur de l'enfant palpita de nouveau, comme un oiseau pris ; ses yeux fixèrent l'obscurité ; les instants se traînaient semblables à des heures...

Tout à coup les branches s'écartèrent avec bruit tout près de lui et un animal se montra : il marchait lentement en soufflant; il heurta l'arbre où avait grimpé l'enfant et le secoua fortement.

Laatcha ferma les yeux et se serra encore plus contre le tronc, en tremblant de voir apparaître son ennemi à ses côtés, sur l'arbre même. Mais l'animal continua son chemin et après avoir fait quelques pas, s'arrêta au bord de l'eau. Laatcha

Dans les ténèbres de la nuit, sur le cap découvert, se dessinait nettement la silhouette d'un élan.

rouvrit les yeux, jeta un regard de ce côté et sourit involontairement. Dans les ténèbres de la nuit, sur le cap découvert, se dessinait nettement la silhouette d'un élan. L'énorme animal aux cornes branchues se rendait tranquillement à l'abreuvoir.

Laatcha descendit rapidement à terre et se mit à courir le long de la rive, sans savoir où il allait, dans le seul but de s'éloigner le plus possible des cavernes.

Cependant les nuages se retirèrent vers l'ouest, le ciel peu à peu se rassérénait, et à l'orient apparut, par delà la forêt, la clarté rose de l'aurore. Comme la nature s'était tout à coup transformée! L'eau apparaissait toute colorée en rose; les troncs des arbres luisaient et scintillaient; tout autour retentissaient les chants des oiseaux et les bourdonnements des insectes.

Laatcha s'était plus d'une fois accroupi sur l'herbe humide pour réparer ses forces avec des framboises ou des fraises. A l'apparition de la lumière matinale, sa frayeur se dissipa; il ne courait plus, il marchait sans se hâter, en cueillant les baies qu'il rencontrait en chemin. A un endroit, il s'assit même commodément au milieu de cassis dont il mangea les fruits, jusqu'à ce qu'il eût apaisé sa faim. Les rayons lumineux du soleil ranimèrent la nature et en même temps réchauffèrent Laatcha.

L'enfant aurait été tout à fait heureux s'il n'avait été incommodé par les cousins et les moucherons qui, après les pluies, s'étaient mis à tournoyer dans l'air. Laatcha chassait ces compagnons importuns avec une branche et, en s'avançant lentement, regardait s'il ne trouvait pas sur son chemin encore quelque chose à se mettre sous la dent.

Un cèdre élevé attira son attention. Il grimpa sur sa cime, cueillit dans le pan de sa chemise des strobiles de cèdre et se régala des graines laiteuses et encore vertes de ses fruits. Cette occupation aurait certainement absorbé pour un certain temps toute l'attention de Laatcha, si par hasard il n'avait pas aperçu non loin de lui quelque chose qui le fit se redresser. Il se tourna de tout son corps et abritant de sa main ses yeux contre le soleil, se mit à examiner attentivement la forêt.

Là-bas, dans une petite clairière, s'élevait un bouquet d'arbres, composé de sept bouleaux touffus. Leurs troncs blancs et leur verdure éclatante se détachaient nettement sur la sombre verdure des cèdres et des sapins qui les entouraient.

Mais ce n'était pas la beauté du site qui amena un sourire sur les lèvres de Laatcha; c'était un objet qui lui était très familier. A l'ombre des bouleaux il avait aperçu le dieu Meïk.

C'était une idole qui représentait la divinité maligne de la forêt : quiconque s'y trouvait égaré devait lui adresser ses prières. A qui promettait de lui offrir un sacrifice, il indiquait le chemin à suivre pour revenir à sa maison. C'était une statue de forme humaine, d'une taille au-dessus de l'ordinaire. Elle avait une tête pointue, la figure en étain, les yeux en verre. Meïk était revêtu d'un cafetan rouge, bordé d'un galon d'or, sa tête était recouverte, en guise de bonnet, d'une petite peau de bête; un couteau de chasse pendait à sa ceinture d'or; dans ses mains il tenait une lance; sur son dos se trouvaient un arc et des flèches. Tout autour, sur les branches des arbres, étaient accrochées des peaux offertes en sacrifice à l'idole. Le soleil versait une lumière éclatante sur la statue, et ses yeux de verre resplendissaient comme deux autres soleils minuscules.

Lorsque Laatcha eut bien vu que c'était Meïk, il en éprouva une telle joie qu'il se mit à battre des mains et laissa tomber tous les strobiles. Ce n'est pas qu'il aimât Meïk : bien au contraire, il craignait et détestait ce dieu méchant, qui égarait les hommes dans la forêt; — non, Laatcha était joyeux, parce que sa route se trouvait dans le voisinage de cette statue et qu'il connaissait très bien le chemin qui y menait pour être venu bien des fois avec sa mère offrir des sacrifices au dieu, lorsque son père tardait trop longtemps à revenir de la chasse. Transporté d'allégresse, Laatcha sauta à bas de l'arbre et il avait déjà pris sa course, après avoir dépassé l'idole, dans le sentier familier qui serpentait entre les bouleaux, lorsqu'il se rappela qu'il fallait dire une prière : il revint sur ses pas, s'approcha avec gravité de Meïk et le pria à sa façon : d'abord il éleva les deux bras, puis les laissa tomber et se mit à sauter d'un pied sur l'autre, en se balançant; après avoir sauté ainsi quelque temps, Laatcha se prit à tourner sur place, puis à courir autour de l'idole. Il fallait faire trois tours, mais à peine en eut-il fait un seul, qu'un nouveau tableau attira son attention.

Derrière Meïk, sur l'un des bouleaux, une peau d'ours, fraîchement dépouillée, était accrochée, si bas, qu'elle touchait presque l'herbe. Devant elle était assis, sur ses pattes de derrière, un ourson de trois mois environ. Il tenait la peau entre ses pattes de devant et la suçait bruyamment. Laatcha éclata de rire, s'approcha de l'ourson et lui donna une tape sur la joue ; l'ourson se souleva sur ses jambes et riposta par un coup assez violent sur l'épaule de l'enfant ; entre eux s'engagea quelque chose qui ressemblait à un combat et à un jeu en même temps, dans lequel la supériorité se trouva être du côté de Laatcha, car il surpassait d'une demi-tête l'ourson et il était bien plus agile que lui.

Cette lutte durait à peine depuis quelques instants, lorsque tout à coup l'ourson laissa retomber ses pattes, leva son museau en l'air et se mit à gronder de toutes ses forces. L'air retentit de son cri plaintif, l'écho le répéta dans la forêt et au même moment, à une cinquantaine de pas de Laatcha, surgit des framboisiers une ourse énorme, qui poussa un grognement furieux. L'enfant eut peur et s'élança vers le sentier qu'il connaissait si bien. L'animal le poursuivit.

C'était la mère de l'ourson. Tantôt elle mangeait tranquillement des framboises, et maintenant, irritée, elle courait après sa victime pour venger son petit. A la voir de loin, on aurait dit une énorme boule qui roulait, si rapide était sa course. Laatcha volait comme une flèche, mais il sentait l'ourse se rapprocher de lui. Il était essoufflé, prêt à tomber ; il entendait déjà la lourde respiration de son ennemie. Une patte velue se leva au-dessus de sa tête... mais cette fois il évita le coup... Vivement il sauta de côté et retomba sur l'herbe, épuisé. C'était fini...

Mais soudain quelque chose fendit l'air en sifflant, et l'animal, ensanglanté, râlant, s'étendit de tout son long sur l'herbe, à deux pas de Laatcha; sa vue se troubla, ses pattes eurent un frémissement convulsif, l'ennemi terrible n'existait plus. La flèche lui avait percé la tête. Au même instant sortit de la forêt un Vogoule, qui s'arrêta dans le sentier près de Laatcha.

C'était un homme âgé, de haute stature, maigre, aux yeux noirs, aux cheveux noirs aussi et bouclés. Il était coiffé d'un petit bonnet doré; sur ses épaules, par-dessus une longue chemise en toile, était jeté un cafetan en drap vert orné de grelots; il était chaussé de bottes en peau de renne, le poil en dehors. Il tenait à la main un arc, sur son dos était suspendu un faisceau de flèches.

Laatcha reconnut en lui le prêtre (chaman) Tchaktcha; il lui envoya un sourire et sauta vivement sur ses pieds. Le prêtre se rendait auprès du dieu Meïk, afin de s'assurer que tout s'y trouvait en bon ordre; il avait aperçu l'ourse poursuivant l'enfant, et, d'un heureux coup de flèche, étendu l'animal sur place.

Rencontrer un enfant vogoule seul dans la forêt n'était pas chose rare. Tchaktcha en avait vu bien d'autres, qui cueillaient des baies ou des noisettes, gâtaient les nids, cherchaient les jeunes renardeaux ou zibelines. Mais c'étaient des garçons âgés de dix ans au moins, armés et sachant se défendre au besoin; tandis que Laatcha n'avait que sept ans, et se trouvait sans armes; c'est pourquoi le chaman ressentait une joie parti-

Au même instant sortit de la forêt un Vogoule qui s'arrêta dans le sentier, près de Laatcha.

culière d'être arrivé à temps pour le sauver.

A proprement parler, Tchaktcha n'était pas un chasseur de profession, il n'avait pas besoin de traquer le gibier pour pourvoir à sa subsistance, car les chasseurs vogoules offraient en sacrifice à toute sorte d'idoles, placées dans la forêt, une telle quantité d'animaux et d'oiseaux, que Tchaktcha, non seulement avait de quoi se nourrir lui-même, mais en donnait encore une portion aux pauvres qu'il connaissait ; d'autre part il vendait les bêtes à fourrures aux marchands russes ou bien les échangeait contre des vêtements et autres objets nécessaires. Si Tchaktcha portait un arc et des flèches, c'était uniquement pour se défendre contre les animaux féroces et, comme tous les Vogoules, il était un tireur excellent. Bien des fois il lui était arrivé de venir au secours des chasseurs eux-mêmes

Laatcha sautait autour du prêtre, en exprimant ainsi sa joie, et Tchaktcha lui passait la main sur ses cheveux bouclés, en lui disant avec tendresse :

— Brave garçon, tu cours bien! Brave garçon, tu as su habilement éviter le coup! Tu feras un bon chasseur.

Les yeux de l'enfant brillèrent de plaisir. C'était là le meilleur éloge qu'on pût lui adresser. En outre, il voyait une prophétie dans les paroles du prêtre, car le chaman était considéré par les Vogoules comme un devin et ils avaient dans ses oracles une foi absolue. Laatcha se mit à genoux, baissa la tête et posa la main du chaman sur sa nuque. C'était une façon d'exprimer son respect.

Que faisait donc pendant ce temps l'ourson, auteur de la catastrophe ? Il s'était enfui dans les buissons où sa mère mangeait naguère des framboises, et il savourait les baies, sans se douter de la perte qu'il avait faite. Vers le soir, il s'apercevrait peut-être de l'absence de sa mère, il gronderait un jour ou deux, puis il s'y accoutumerait, se nourrirait de framboises, grimperait sur les arbres, d'abord pour cueillir des strobiles, puis pour dénicher des œufs, et, l'automne venu, il deviendrait déjà un ennemi dangereux pour les petits animaux et pour les enfants tels que Laatcha.

— Y a-t-il longtemps que tu as quitté ta iourta ? demanda le chaman au petit garçon.

— Depuis hier.

— As-tu faim ?

A ces mots, Laatcha sentit que sa faim, assoupie par les baies, s'éveillait de nouveau. En guise de réponse, il posa les deux mains sur son petit ventre et le pressa pour montrer qu'il était vide.

— Eh bien ! nous allons dîner tout de suite ! fit Tchaktcha ; il faut seulement offrir d'abord un sacrifice à Meïk ; regarde donc comme ses yeux étincellent !

Les yeux de Meïk étincelaient en effet, en continuant de réfléchir les rayons du soleil. Laatcha ne s'était pas beaucoup éloigné de la statue du dieu du mal, et on l'apercevait encore à travers les troncs élancés et lisses des arbres verts. Tchaktcha retira la flèche de la tête de l'ourse et se mit à la dépouiller. Laatcha l'aidait, comme il aidait sa mère dans la même besogne à la maison. Puis le chaman et l'enfant s'approchèrent de Meïk, prièrent un peu devant lui, c'est-à-dire qu'ils sautèrent et tournèrent sur place; après quoi Tchaktcha suspendit la nouvelle peau aux branches de l'arbre, frotta avec le sang de l'ours les lèvres du dieu et posa à ses pieds le meilleur morceau de viande.

Finalement, lorsque tous les devoirs religieux furent accomplis, le prêtre et l'enfant s'accroupirent devant la chair fraîche et tiède de l'animal. Le prêtre tira de sa ceinture un couteau tranchant et se mit à découper des tranches longues et minces; il en mangeait lui-même et en donnait à Laatcha, lequel les avalait avec délices, presque sans les mâcher.

A la distance d'une verste[1] à peine de l'endroit où Tchaktcha et Laatcha réparaient leurs forces, sur le bord de la Lozva, étaient situées deux iourtas; la plus voisine de la rive appartenait à Kouksa, le père de Laatcha.

C'était une construction semblable à une izba ordinaire, mais sans fenêtres dans les murs et sans toit, avec une ouverture unique percée dans le plafond. En hiver, on la bouchait avec un glaçon, et en été elle restait béante; pendant la pluie seulement on la recouvrait par en haut avec une peau de renne et des planches. Dans un coin de la iourta, à gauche de l'entrée, à l'endroit où, en Russie, se trouve le poêle, s'élevait une cheminée

---

(1) Une verste vaut 1.067 mètres.

en terre glaise, dont le tuyau, fait avec des branchages et enduit en dehors et en dedans de terre glaise, sortait par un trou pratiqué dans le plafond. Le long des murs de la iourta régnait un large banc qui servait de lit à toute la famille. Sur ce banc étaient posées des peaux de renne, qui tenaient lieu de matelas, de coussins et de couvertures.

En revenant de la chasse, le père de Laatcha n'avait pas été trop inquiet de ne point retrouver son fils à la maison. Il était déjà arrivé à l'enfant, occupé à poursuivre quelque animal ou désireux de goûter aux baies savoureuses, de passer une nuit, seul, dans la forêt, dans le voisinage de la iourta. Ses parents ne le lui défendaient pas, car Laatcha devait s'habituer à la forêt, et l'enfant usait avec joie de la liberté qu'on lui accordait d'autant plus que, dans le voisinage de son habitation, il ne craignait pas Meïk. Le dieu du mal n'était redoutable que pour ceux qui s'égaraient. Si Laatcha n'était même pas revenu du tout à la maison, le père et la mère en auraient certainement éprouvé du chagrin, mais sans oser murmurer, dans la peur de courroucer le dieu de la forêt, bien convaincus que tout se faisait dans ce monde selon son bon plaisir.

Le matin, le père et la mère, après avoir déjeuné, en compagnie de leurs autres enfants, avec des tranches de renne crues et fraîches, exprimèrent le regret que Laatcha ne se trouvât point parmi eux; puis le père s'étendit sur le banc, — il ne voulait pas retourner à la chasse aussi longtemps que durerait sa provision de nourriture — et la mère s'occupa du ménage ; un temps assez long s'écoula, sans qu'ils eussent parlé de leur fils absent : lui jouissait du repos, en se fourrant des pincées entières de tabac à priser dans l'intérieur des joues et de la lèvre inférieure ; elle découpait en tranches minces la viande de renne, puis faisait dans chaque tranche un petit trou, par où elle passait une corde, qu'elle tendit au soleil, en attachant les bouts à deux arbres, pour essorer la viande qui autrement se serait gâtée en été.

Le soleil était déjà haut dans le ciel, lorsque la mère de Laatcha eut terminé son travail et allumé du feu dans la cheminée pour cuire la soupe. A ce propos elle se rappela que son garçonnet aimait beaucoup la soupe.

— Et Laatcha qui n'est toujours pas là ! fit-elle. Je promets d'offrir un sacrifice à Meïk, s'il laisse notre fils revenir à la maison.

— Bon ! répondit tranquillement le père.

Et il mit une nouvelle pincée de tabac sous sa lèvre inférieure.

En ce même moment, Laatcha, après avoir apaisé sa faim avec la chair de l'ours, volait comme une flèche dans le sentier, et à peine son père avait-il formulé son consentement à l'idée d'offrir un sacrifice à Meïk, que le garçonnet, sa petite figure toute rayonnante, apparut devant ses parents.

Ni le père, ni la mère ne lui dirent un mot. Ils restèrent tous les deux à leur place en regardant leur fils avec curiosité. Seule, la mère eut un sourire imperceptible. Laatcha, sous le coup des impressions diverses qu'il avait éprouvées, s'arrêta au milieu de la iourta et se mit à raconter avec vivacité comment et où il avait passé la nuit et ce qu'il avait vu.

Son récit manquait quelque peu de suite; il se trompait, s'embrouillait; néanmoins il n'oublia rien, et ses parents comprirent que pendant cette nuit, il avait beaucoup vécu et beaucoup senti. Ils conçurent une grande joie de l'expérience ainsi acquise par leur fils et décidèrent que Laatcha n'était plus un enfant, qu'il savait tout ce que devait savoir un vrai Vogoule, et, ce qui était essentiel, qu'il savait d'où pouvait survenir un danger : c'est pourquoi il était temps qu'il apprît à se défendre contre les bêtes féroces et qu'il allât à la chasse.

Le père de Laatcha avait déjà depuis longtemps échangé avec un marchand russe des peaux de zibelines contre un fusil, et reconnu que cette arme était la meilleure et la plus commode pour la chasse; mais comme on ne pouvait se procurer un fusil que Laatcha fût de force à porter, son père lui fabriqua un petit arc avec des flèches, et l'enfant se mit sérieusement à apprendre à tirer. Tout d'abord il n'arrivait jamais à atteindre le but; les flèches, presque sans s'élever en l'air, tombaient à quelques pas de lui; mais, peu à peu, il s'habitua au tir et s'y perfectionna chaque jour. Le père le surveillait. C'était une sorte d'école pour le garçonnet. Enfin, un jour de bonheur,

Laatcha réussit à tuer une corneille. Ce fut une fête pour tous les siens. Ses parents virent en lui le futur nourricier de la famille, un bon auxiliaire de son père. Et en effet, à quinze ans, Laatcha était l'un des meilleurs chasseurs, et, comme le prêtre Tchaktcha, frappait l'animal à mort d'une seule flèche.

CHAPITRE II

LA FÊTE D'UN DIEU

LES INVITATIONS SONT LANCÉES. — DANSES, OFFRANDES
ET SACRIFICES. — LES RÉJOUISSANCES.

Sur le bord de la rivière de Lozva, dans les mêmes roches calcaires où le petit Laatcha avait cherché un abri contre l'orage, se trouvait le temple d'Ortik, le dieu du bien chez les Vogoules. Laatcha s'était refugié dans une petite excavation qui donnait sur la rive, et le temple se trouvait du côté de la forêt.

Bien des années se sont passées depuis la nuit où le garçonnet s'était perdu dans la forêt ; il n'est plus un enfant, il a déjà dix-sept ans. Il est grand, beau et élancé et, ce qui importe plus, il est le premier tireur, le premier chasseur d'animaux et d'oiseaux, le plus habile pêcheur. Avec cela, il est bon et aide les familles des chasseurs moins heureux. Chaque jeune fille vogoule serait heureuse d'avoir un fiancé pareil ; les vieillards portent envie à ses parents, et le montrant à leurs fils, disent :

— Oh ! comme nous voudrions que vous fussiez semblables à lui !

L'automne était venu, mais non pas un automne comme le nôtre — pluvieux et fangeux ; là, der-

rière les monts Ourals, l'automne était sec et froid.
La forêt de pins et de sapins demeurait tout
aussi verte qu'en été, mais les oiseaux s'étaient
envolés dans des pays plus chauds; les fleuves
n'étaient pas encore gelés, mais le poisson ne se
pêchait plus en abondance; les gelées nocturnes
avaient rendu la terre sèche et dure, et les marais
s'étaient pris. Le soleil brillait encore d'une
lumière vive, mais ne réchauffait plus.

Par une de ces journées sereines et froides,
Laatcha suivait la même forêt, le même sentier,
par lequel, dix années auparavant, il avait fui
devant l'ourse qui le poursuivait. Il se dirigeait
vers les roches calcaires, pour gagner le temple
du dieu Ortik, où il espérait rencontrer le prêtre
Tchaktcha.

Les Vogoules sont habitués aux gelées et ne
craignent pas le froid, même en hiver; c'est pourquoi Laatcha portait en automne le même costume
qu'en été. Il avait une chemise et un pantalon de
toile tissée de fibres d'ortie; en guise de bottes, il
chaussait des peaux de renne, enlevées telles
quelles des jambes de l'animal. Une courroie
serrait sa taille; il avait en bandoulière un très
beau fusil tout neuf; à sa ceinture étaient suspen-
dus une lance et un couteau de chasse. Il allait
nu-tête; ses cheveux noirs et bouclés étaient rejetés en arrière et ondoyaient sur ses épaules;
ses yeux noirs regardaient devant eux d'un air
hardi et résolu. Il marchait rapidement d'un pas
ferme; il ne craignait rien ni personne; il ne
craignait même pas Meïk, parce qu'il connaissait

parfaitement sa forêt, qu'il en avait étudié tous
les sentiers, tous les ruisseaux et marécages. Il
était dans la forêt comme chez lui et ne pouvait
plus s'y perdre.

Renard.

Avec l'arrivée de l'automne, la chasse aux oiseaux était terminée; terminée aussi la pêche.
Bientôt devait commencer la chasse aux petits
animaux à fourrures, zibelines, hermines, martres, écureuils et renards; car, dès la tombée de
la première neige, ils cessaient de muer, et
leur poil devenait duveteux, doux et argenté, ce
qui donnait un grand prix à leurs peaux. Les
Vogoules ne chassent pas les animaux à fourrures en été, ni au printemps, parce que, à ces
époques, leur poil est inégal, tacheté, avec des
plaques dénudées, et que leurs peaux ont alors

très peu de valeur. L'automne venu, les Vogoules remercient leurs dieux pour tout ce qu'ils leur ont donné en été, et ils les prient de leur accorder d'heureuses chances pendant l'hiver. Ce jour-là, — jour de grande fête, — on offre des sacrifices aux dieux.

Laatcha se rendait maintenant chez le prêtre, pour savoir de lui quel jour il plairait au dieu Ortik d'accueillir le sacrifice commun. Il avait grande envie de se divertir, en compagnie des jeunes gens et des jeunes filles, et il attendait la fête avec impatience. La tête remplie de gais rêves, de chansons et de danses, le jeune homme arriva près des roches calcaires. L'une d'elles, haute de douze mètres environ et longue de vingt-quatre, offrait en haut une ouverture carrée semblable à une fenêtre, et en bas un orifice qui rappelait une bouche de four russe, et qui ne laissait passer qu'un seul homme à la fois, et encore en rampant. Devant l'entrée de cette caverne, à une distance de quatre mètres environ, gisait un monceau d'ossements d'animaux divers, offerts en sacrifice au dieu Ortik.

Laatcha tourna respectueusement ces vestiges d'offrandes et s'approcha de la caverne. Le jeune Vogoule s'accroupit d'abord devant l'entrée, puis se courba en avant et se mit à ramper dans l'ouverture. Les parois de ce couloir long, sombre et étroit étaient complètement humides. Laatcha franchit ainsi, en tâtonnant dans la même direction, trois mètres à peu près ; puis le couloir tournait à droite et s'élevait quelque peu ; après avoir encore rampé quatre mètres, il dut tourner à gauche ; là le corridor s'élargissait peu à peu et devenait plus clair, grâce à une tache lumineuse qui apparaissait à son extrémité, semblable à une porte ouverte sur une chambre éclairée.

Laatcha se releva, courut vers la lueur. C'était une grande ouverture, en forme d'arcade, qui donnait accès dans une caverne, à l'aspect d'une chambre, longue de huit mètres et large de six. Dans le plafond était percé un orifice rectangulaire d'un mètre de large sur 1^{m}50 de long, qui servait de fenêtre.

Quoique Laatcha eût passé très peu de temps dans l'obscurité, il dut néanmoins fermer ses yeux, éblouis par l'éclat des rayons solaires qui éclairaient la caverne par en haut. Ses parois et son plancher calcaires, mouchetés par-ci, par-là, de gouttes d'eau et de taches de rouille qui en interrompaient la blancheur, brillaient et s'irisaient au soleil.

Au milieu de la caverne, sur un petit piédestal en bois, était placé le dieu Ortik — une idole de la stature d'un homme. Sa tête était en bois, sa figure en argent, son corps se composait d'un sac rempli de précieuses fourrures. Quant aux bras et aux jambes, Ortik n'en avait pas. Ses bras étaient remplacés par les manches d'un cafetan en drap bleu clair, dont les pans descendaient jusqu'au piédestal. Ses yeux en verre et sa face d'argent étincelaient au soleil. Devant l'idole se tenait le prêtre Tchaktcha, examinant le cafetan de gala dont elle était revêtue, en velours cramoisi, brodé d'or et orné d'une frange d'argent.

Laatcha commença par se prosterner devant le dieu du bien, puis s'approcha modestement de Tchaktcha.

— Je suis venu chez toi, notre père, dit il, pour apprendre à quel moment notre grand dieu Ortik veut que les Vogoules s'assemblent, afin de lui offrir un sacrifice d'actions de grâces, pour les grandes faveurs qu'il nous a envoyées cet été, — à quel moment il lui plaira d'accueillir nos prières pour qu'il nous accorde une heureuse chasse d'hiver.

— Le dieu Ortik m'a révélé aujourd'hui sa volonté pendant mon sommeil, répondit le prêtre Il m'a dit que la chasse d'hiver ne serait heureuse pour les Vogoules que s'ils lui offraient des sacrifices en abondance, s'ils ne ménageaient pas les rennes, le poisson et les oiseaux, non plus que l'argent, la toile et le drap rouge. Notre grand Ortik veut qu'on invite à sa fête les dieux des autres iourtas, afin qu'ils voient comment les Vogoules honorent leur Ortik. Notre bon dieu a fixé la fête des sacrifices dans dix jours d'ici, et comme d'ordinaire, pendant la nuit. Au terme fixé, nos voisins se réuniront et apporteront leurs divinités. J'ai envoyé ce matin des messages dans les iourtas lointaines; quant à toi, je te charge d'aller chez nos voisins les plus proches et de leur communiquer la volonté d'Ortik. Dans dix jours tout sera prêt chez moi.

Laatcha écouta le prêtre avec le plus vif intérêt, ajoutant une foi absolue à ses paroles, et fut très

Lāatcha commença par se prosterner devant le dieu du Bien, puis s'approcha
modestement de Tchaktcha.

3

heureux d'apprendre qu'Ortik désirait une solennité grande et de longue durée. Il remercia Tchaktcha, salua l'idole et sortit rapidement de la caverne. Il courut d'abord prévenir son père, puis partit pour inviter les voisins à la fête.

Trois ou quatre jours plus tard, une animation extraordinaire se manifestait dans la forêt. Le prêtres des iourtas plus ou moins éloignées apportaient, l'une après l'autre, leurs idoles; une foule de Vogoules les accompagnaient dans le même sentiment de vénération qui anime les orthodoxes aux processions de leurs icônes. Les Vogoules de la localité recevaient avec des saluts les divins hôtes. Dans la clairière où s'élevait la statue du dieu Meïk, le travail était des plus actifs, le bruit des haches retentissait de tous les côtés. C'étaient les prêtres qui préparaient des piédestaux pour leurs dieux et nettoyaient, lavaient et revêtaient de costumes de gala ces dieux eux-mêmes.

Un petit nombre seulement de Vogoules nouvellement arrivés put se loger dans les iourtas; la plupart avaient élevé à la hâte des huttes où ils s'installèrent, le temps étant sec. Peu à peu se rassemblèrent ainsi jusqu'à deux cents personnes : hommes, femmes et enfants. Les alentours, presque toujours déserts et muets, s'étaient comme éveillés de leur sommeil; des gens allaient et venaient, le bruit des conversations se faisait entendre partout; mais il n'y avait encore ni danses, ni chants, le peuple se préparait pour la cérémonie religieuse.

Les Vogoules riches avaient amené des rennes

et des chevaux pour le sacrifice et apporté de précieux cadeaux aux prêtres; les pauvres vinrent les mains vides, et personne ne les blâmait, personne ne les raillait; au contraire, les riches les ravitaillèrent immédiatement en vêtements et en vivres. Les Vogoules comprenaient qu'il était indifférent aux dieux que l'on soit riche ou pauvre, et que leurs préférés ce sont les meilleurs et les plus honnêtes.

Vers le dixième jour, tout le monde se trouva réuni; les prêtres avaient terminé leurs préparatifs. La solennité allait commencer. La nuit était calme, mais froide; le ciel bleu d'automne était parsemé d'étoiles, la lune pleine, haut dans le ciel, illuminait les clairières, les iourtas et les cimes des pins, des sapins et des cèdres. Dans les sentiers gelés et sur l'herbe jaunie s'étendaient des ombres aux dessins bizarres et fantastiques. Tous les Vogoules se tenaient assis dans leurs iourtas ou leurs huttes, revêtus de leurs habits de gala et, dans un silence solennel, attendaient le commencement de la fête.

Laatcha, avec ses parents, son frère et sa sœur, était aussi assis avec quelques hôtes sur le banc de leur iourta. La lune envoyait ses rayons dans leur fenêtre, par où s'apercevait le ciel bleu et étoilé. Là-haut, selon les idées des Vogoules, se trouvait la demeure du dieu principal Toryme, qui gouverne le monde. En regardant le firmament, Laatcha pensait à la grandeur de Toryme et se rappelait les interprétations du chaman :

« Toryme est si grand, que les Vogoules n'osent

pas avoir son image. Toryme est juste et on ne doit pas lui offrir de sacrifices, ni propitiatoires, ni d'actions de grâces; Toryme est miséricordieux et omniscient; sans qu'on le prie. il donne à l'homme tout ce qu'il lui faut, récompense ceux qui le méritent et punit les coupables; il habite le soleil pendant le jour, la lune pendant la nuit. »

Absorbé par ces réflexions sur Toryme, Laatcha fit quelques pas dans la iourta et s'arrêta devant la fenêtre. Sa svelte silhouette, illuminée par la lune, se détachait nettement sur le fond qui l'entourait. Son cafetan en drap bleu, orné de perles, de broderies en argent, de boutons brillants et de galons, lui seyait à merveille. Insoucieux de son extérieur, Laatcha ne se doutait pas qu'il était réellement beau.

L'air était calme; à travers la porte ouverte on apercevait le sentier qui menait à la clairière du dieu Meïk, et, à gauche et à droite du sentier, plusieurs huttes. Laatcha vit passer comme une ombre le messager de Tchaktcha qui se dirigeait vers la première hutte pour annoncer le commencement de la fête.

Au même instant sortirent brusquement de la hutte des enfants aux habits éclatants; poussant de sauvages cris de joie, ils s'élancèrent en gambadant vers la hutte voisine, d'où surgirent encore un garçonnet et une fillette qui se joignirent aux premiers. En criant plus fort les uns que les autres, ils s'arrêtèrent devant la troisième hutte; là leur groupe s'accrut encore; lorsqu'ils arrivèrent auprès de la iourta de Laatcha, son frère et sa sœur, avec un grand cri, se précipitèrent comme des fous hors de la iourta.

Ainsi courait la foule des enfants d'une demeure à une autre, avec de courtes haltes devant chacune, et augmentant toujours. Ce que criaient les enfants était difficile à comprendre, mais les Vogoules savaient que par ces cris, sur l'ordre du prêtre, ils les conviaient à la fête. Les invités sortaient des huttes et des iourtas, et, groupe par groupe, s'engageaient dans le sentier. Hurlant jusqu'à s'épuiser et se devançant les uns les autres, les enfants eurent bientôt rassemblé tous les Vogoules accourus pour la fête, et ils arrivèrent eux-mêmes parmi les premiers dans la clairière.

Laatcha, qui avait attendu cette fête avec impatience dans le seul désir de s'amuser, se trouvait, maintenant qu'elle était venue, dans un tout autre état d'esprit. Il s'était pour ainsi dire pénétré tout entier d'une religieuse extase. Sa physionomie était grave, ses yeux regardaient, rêveurs, dans le lointain. Il marchait plongé dans de profondes réflexions sur les divinités bonnes et mauvaises, sans faire attention à la foule bigarrée en habits de fête, et il ne s'aperçut pas comment il était arrivé à l'endroit désigné.

Au milieu de la clairière, sur un piédestal de bois, était placé Ortik en cafetan de velours cramoisi, orné de franges et de plaques d'or, de paillettes et de perles fausses. A ses côtés étaient placées, sur des socles en demi-cercle, les autres divinités. A droite, dans des vêtements de pourpre, Meïk se pavanait; derrière lui, sur un siège en forme de nid d'oiseau, était assis « le Jars de cuivre », dieu de la chasse aux oiseaux ; à gauche de Meïk se tenait le « Vieillard des eaux » — dieu de la pêche. Cette statue représentait un homme à figure très laide et à cornes ; sur ses épaules étaient jetés plusieurs cafetans de couleurs voyantes. A côté de lui se trouvait la déesse protectrice des femmes, une statue en or, faite avec beaucoup d'art (1). Auprès de ces dieux principaux étaient placées des divinités que rien ne distinguait particulièrement des simples idoles de bois aux vêtements voyants. Tous, ils étaient armés de flèches et de lances. Leurs piédestaux de bois étaient couverts de fourrures précieuses d'hermines, de zibelines et de castors. Aux pieds d'Ortik, roi de la fête, était disposé un faisceau de lances. Dans le voisinage des idoles se trouvaient attachés, à des arbres, plusieurs rennes et chevaux ; on y voyait aussi des paniers remplis de poisson et d'oiseaux ainsi que des rouleaux d'étoffes diverses, offertes à Ortik.

Des feux flamboyaient sur toute l'étendue de la clairière, versant sur les idoles une lumière rougeâtre, tandis que, du haut du ciel bleu, la lune éclairait ce tableau de ses rayons argentés.

Laatcha s'arrêta, saisi de ravissement. Il regar-

---

(1) Selon la tradition, les Vogoules, avant la conquête de la Sibérie par les Russes, possédaient plusieurs idoles en or, comme par exemple, celle de Ratcha, dans les forêts de Bérézov, et de la déesse des bords de l'Obi. La disparition de cette déesse a donné lieu à deux légendes. D'après l'une, la déesse, à l'arrivée des Russes, commanda à ses fidèles de la jeter dans l'Obi ; et d'après l'autre, elle s'y précipita elle-même.

dait tour à tour la face d'argent d'Ortik qui brillait
et semblait lancer des rayons, celle du dieu im-
placable Meïk, le difforme « Vieillard des eaux »,
ou bien la déesse en or qui, dans ses vêtements
bleus et étoilés, lui semblait réellement descendue
du ciel. Enfin le regard de Laatcha tomba sur le
prêtre, qui se tenait à côté d'Ortik, la face tournée
vers le peuple. Tchaktcha, dans un cafetan de
brocart, orné au col, à la ceinture et au bord
inférieur, de longs rubans de toutes les couleurs
et de grelots, coiffé d'un bonnet de brocart à
plumes de hibou, tenait à la main une lance et
offrait un aspect tout aussi solennel que les dieux
eux-mêmes. Laatcha se rappela alors ce qu'il
devait faire, et, suivant les autres hommes, il s'approcha de Tchaktcha.

Le prêtre se pencha, prit aux pieds d'Ortik l'une
des lances et la remit à Laatcha. Chaque homme,
après avoir reçu une lance, se plaçait à droite des
idoles, tandis que les femmes passaient à gauche,
de façon à former deux groupes l'un en face de
l'autre ; l'espace resté libre entre eux fut occupé
par les prêtres.

Lorsque tout le monde eut été placé, Tchaktcha prit une seconde lance, les croisa et les frappa
plusieurs fois l'une contre l'autre. Alors les deux
groupes tournèrent la face vers les idoles. Tchaktcha cria « Haï ! » et fit trois fois la culbute devant
Ortik ; les assistants l'imitèrent ; il répéta son
cri et se mit à sauter d'une jambe sur l'autre,
tandis que les grelots tintaient, que les rubans
qui ornaient son costume se tortillaient comme

des serpents et que les plumes de son bonnet
s'agitaient majestueusement. Les deux groupes
des assistants répétèrent encore une fois le cri
du prêtre et se mirent à se balancer d'un côté et
d'autre. Les vêtements bigarrés des femmes et
leurs voiles à ramages ondoyaient en l'air. « Haï,
haï, haï ! » cria encore Tchaktcha en se mettant à
courir autour des idoles ; les hommes coururent
après lui, les femmes suivirent les hommes en
poussant le cri de « Haï ! » qui résonnait dans toute
la forêt.

Après avoir fait trois tours, les deux groupes
s'arrêtèrent à leurs places. Tchaktcha, sautant
d'une jambe sur l'autre, se mit à donner une sorte
de leçon d'escrime : tantôt il élevait les lances,
tantôt les abaissait, tantôt les dirigeait de côté,
puis les étendait devant lui. Les hommes se reculèrent les uns des autres à une distance suffisante
et imitèrent les mouvements du prêtre. Les sauts,
la course, les mouvements rapides enflammaient
tous les visages, faisaient briller tous les yeux.
L'enthousiasme s'était emparé de tout le monde,
depuis les enfants jusqu'aux vieillards.

Ces sortes de prières et d'actions de grâces à
Ortik continuèrent une demi-heure environ, après
quoi Tchaktcha abaissa les lances et s'accroupit
au pied de l'idole. Tous les assistants ne tardèrent pas à suivre son exemple et à se reposer.
Quelques-uns se permirent de causer à voix basse
avec leurs voisins et d'échanger quelques obser-
vations.

Laatcha était assis au bout, à côté des femmes,

et s'amusait à examiner leurs atours. Les bandeaux bigarrés, les perles, les rubans, les *svitkas* (sorte de souquenilles), les fichus éclatants frappaient les yeux par leur magnificence de gala. On rencontrait ici les costumes les plus divers : le national, composé d'une chemise et d'une svitka ; le demi-tartare dans lequel, à ces deux pièces, venait s'ajouter un pantalon bouffant et un voile ; et le demi-russe composé d'une jupe et d'une camisole de couleur.

Laatcha chercha du regard sa mère et lui adressa un sourire. Celle-ci, belle et restée jeune encore, portait le costume national : une chemise brodée, une svitka en drap et des bottes en peau de renne. Sa tête était entourée d'un fichu éclatant disposé de manière que les franges en couvraient entièrement le front. Elle causait gaîment avec l'une de ses voisines.

Laatcha laissait errer ses regards d'une figure sur une autre, quand tout à coup il les arrêta involontairement sur l'une des jeunes filles, dont la physionomie, bien qu'à moitié cachée sous un voile blanc, plut infiniment au jeune homme.

Elle était vêtue d'un pantalon bouffant bleu et d'une chemise de toile blanche, ornée de perles sur la poitrine et brodée, à son bord inférieur, de soie et de laine. Par-dessus sa chemise était jetée une svitka en drap rouge, nouée au cou d'un ruban rouge, dont les longs bouts, ornés de perles blanches, étaient rejetés derrière les épaules. Ses cheveux noirs, tressés en plusieurs nattes, entourés de rubans bleus, rouges et verts, descendaient au-dessous de la ceinture; la tête de la jeune fille était ceinte d'un bandeau de soie bleue décoré de petites monnaies d'argent. Les pans écartés de la svitka laissaient voir une taille fine, serrée d'une ceinture de soie bleue. Ses petits pieds étaient chaussés de bottines rouges.

Ce qui plaisait en elle à Laatcha, c'était non seulement sa belle figure si élégante, mais aussi ses mouvements rapides et gracieux pendant la prière. Elle était sans doute la fille de riches Vogoules venus de iourtas éloignées, à proximité des villages tartares, ce qu'indiquait la splendeur de son costume; mais à quelle famille appartenait-elle précisement? Laatcha n'en savait rien. C'est en vain qu'il repassait dans son esprit toutes les familles venues de loin; il lui semblait n'avoir nulle part rencontré cette jeune fille.

Pendant que Laatcha pensait ainsi à l'inconnue, le chaman restait immobile et toute la foule observait le silence que la bienséance exigeait; la lune avançait lentement sur la voûte bleue du ciel et illuminait d'une pâle clarté la clairière et les assistants; la flamme rouge et vacillante des brasiers donnait à ce tableau une beauté tout originale. Le silence n'était troublé que par le pétillement des branches jetées dans les foyers.

Ce repos ne dura pas plus de dix minutes. Des roulements de tambour et de tambourin retentirent; le chaman poussa de nouveau le cri de « Haï! »; tous se redressèrent brusquement, et le tournoiement, les sauts, la course et l'exercice des lances recommencèrent. Plus les mouvements, les

sauts et la course devenaient rapides, plus le cri
de « Haï! » se faisait perçant et saccadé. Les
physionomies des assistants s'animèrent et se co-
lorèrent, leurs yeux brillaient d'un transport religieux. Toute cette foule bigarrée ne présenta
bientôt qu'une seule masse comme portée et agitée
par le vent.

Mais voici que le chaman tomba aux pieds
d'Ortik, et tous s'accroupirent à la fois et restèrent
immobiles comme des statues. Bon nombre d'entre eux respiraient difficilement ; des frissons con-
vulsifs passaient sur les visages des autres ; en
revanche, quelques-uns se sentaient dix fois plus
forts et plus puissants ; leurs yeux étincelaient de
résolution, d'audace ; on les voyait prêts à se jeter
dans n'importe quelle entreprise héroïque, à accomplir tout acte d'abnégation et de renoncement.

Mais à peine les premiers avaient-ils eu le
temps de se reposer et de revenir à eux, qu'un
nouveau coup de tambourin les appela pour la
troisième fois à la prière. Cette fois le chaman
avait évidemment voulu se surpasser par la rapidité de ses mouvements. L'ondoiement de ses
cheveux, des plumes et des rubans, l'éclat des
ornements dorés et le tintement des grelots donnaient à son extérieur quelque chose de surnaturel. Sa physionomie était celle d'un homme
arrivé au paroxysme du délire : ses yeux brillaient d'extase.

Son ardeur se communiqua aux assistants ;
avec des cris perçants, ils s'élancèrent vers
Ortik, tantôt se prosternant devant lui, tantôt

courant tout autour ; ils se frappaient la poitrine avec les poings ; ils tournoyaient comme des toupies. Enfin, au son du tambour, ils remirent au chaman leurs lances, reprirent leurs places et se calmèrent. Les deux groupes d'hommes et de femmes s'écartèrent, en laissant une place libre de huit mètres environ de largeur, où, sur un signe du chaman, se précipitèrent plusieurs hommes dont les costumes bizarres rappelaient nos déguisements de carnaval. Les uns étaient revêtus de peaux d'ours et d'élans auxquelles étaient fixés des bois de rennes ; d'autres portaient des becs et des queues d'oiseaux ou des images de poissons : tous insignes indiquant que ces personnages devaient représenter des quadrupèdes, des oiseaux et des poissons.

On se mit à danser au son de la dombra (instrument dans le genre de la guitare) et du tambourin ; d'abord, les hommes déguisés, puis le chaman, puis, sur un signe de lui, peu à peu, tous les autres.

L'animation atteignit à ce moment son suprême degré ; il n'y eut plus de groupes séparés ; tous se confondirent, vieillards et enfants, hommes et femmes, tous sautaient l'un en face de l'autre, se penchant tantôt d'un côté, tantôt de l'autre, se saisissant par les mains et changeant rapidement de place.

Le rythme de la dombra et du tambourin s'accélérait de plus en plus, et par suite les mouvements des danseurs devenaient de plus en plus rapides.

Laatcha, sans s'en apercevoir, se trouva auprès
de la jeune inconnue, la saisit par la main et se
mit à sauter et à tourner avec elle.

Bientôt la danse s'exaspéra et les danseurs
prirent l'aspect de fous furieux. Les yeux s'injec-

Laatcha, sans s'en apercevoir, se trouva auprès de la jeune inconnue, la saisit
par la main et se mit à sauter et à tourner avec elle.

taient de sang, l'écume apparaissait aux lèvres ;
quelques-uns tombaient par terre sans connaissance ; d'autres étaient en proie à des crises nerveuses ; plusieurs femmes sanglotaient convulsive-
ment ou bien poussaient des éclats de rire
insensés. Finalement, le chaman, avec des cris

terribles, se sépara de la foule et courut à Ortik,
tandis que les chasseurs, épuisés de fatigue, s'ac-
croupissaient. Quiconque avait encore une
conscience nette de ce qui se passait autour de
lui, tourna son regard vers le chaman et demeura
immobile. Dans un délire fanatique, Tchaktcha
accourut auprès de l'idole, saisit une lance et se
fit avec la pointe plusieurs piqûres aux épaules,
aux bras et aux jambes ; puis, rejetant la lance,
il courut vers l'un des brasiers, en retira un tison
enflammé et le promena sur son corps. Il se frappait la poitrine, s'arrachait les cheveux, enfonçait
de minces chevilles de bois sous les ongles de ses
pieds et de ses mains, se roulait par terre dans
les convulsions, l'écume à la bouche, semblable
à un fou ; puis, se remettant sur ses jambes, il
recommençait à se torturer ; et il continua ainsi
jusqu'à ce qu'il tombât évanoui aux pieds de
l'idole.

Le moment où le prêtre s'affaisse sans connaissance est considéré par les Vogoules comme le
plus solennel de toute la cérémonie. Ils croient
qu'en cet instant l'âme du prêtre s'entretient avec
l'âme de l'idole, que le dieu lui exprime sa bien-
veillance pour le peuple ou lui fait part de son
mécontentement.

Pendant que le chaman s'infligeait la torture,
les Vogoules, en proie à des crises nerveuses,
étaient revenus peu à peu à eux et se reposaient ;
gravement accroupis, ils contemplaient, avec une
terreur pieuse, le chaman étendu immobile.
Laatcha, comme les autres, ne quittait pas

Tchaktcha du regard et se posait toute sorte de questions :

« Que disait en ce moment Ortik ? Les sacrifices qu'on lui avait préparés lui étaient-ils agréables ? Donnerait-il sa bénédiction aux Vogoules pour la chasse d'hiver ? »

A la seule idée qu'Ortik refuserait d'agréer les sacrifices et d'accorder sa bénédiction au peuple vogoule, le cœur de Laatcha tremblait de frayeur ; un frisson le parcourait. Que ferait alors le pauvre peuple ? Combien de malheureux ne mourraient-ils pas de faim ? Et il ne cessait de regarder fixement le prêtre.

L'instant où le prêtre revenait à lui était regardé comme la fin de l'entretien de son âme avec celle du dieu ; c'est pourquoi chaque Vogoule craignait de laisser passer inaperçu cet instant décisif. Les minutes se traînaient lentement, la clairière était comme pétrifiée ! Seule, la flamme rouge des brasiers lui donnait quelque semblant de vie.

Le chaman resta ainsi immobile un quart d'heure environ ; enfin il souleva la tête, jeta un regard trouble autour de lui et la conscience lui revenant tout à coup, il se releva lentement. Les assistants à leur tour se redressèrent et se tinrent prêts à entendre la volonté d'Ortik. Le chaman se mit à parler d'une voix faible, en scandant chaque mot :

—Les narines d'Ortik désirent flairer l'odeur de la victime, son ventre désire la recevoir. Notre gracieux Ortik envoie au peuple sa bénédiction. Personne ne mourra de faim cet hiver, tout le monde sera heureux à la chasse, les animaux courront eux-mêmes à la rencontre des fusils et des flèches des chasseurs, pourvu que le peuple soit laborieux et honnête et que les riches soient bons pour les pauvres. La gratitude est agréable à Ortik. Ce serait mal, si les Vogoules oubliaient que tout leur a été donné par les dieux et s'ils ne leur en étaient pas reconnaissants.

Les figures des assistants s'éclairèrent d'un sourire joyeux, et le prêtre, ayant achevé son petit discours, fit un signe de la main en disant :

— Les victimes !

Au même moment se trouvèrent devant lui les paniers de poisson et de gibier, les corps des chevaux et des rennes qu'on avait immolés, et les pièces d'étoffes de toutes couleurs. Après avoir orné la statue d'Ortik et son piédestal de morceaux de drap, d'indienne et de toile, Tchaktcha choisit le poisson le plus gros et le plus gras et le fendit en deux ; il en jeta une moitié dans le feu et s'écria, en s'adressant à l'idole :

— Que tes narines flairent l'odeur de la victime !

Puis, s'approchant de lui avec l'autre moitié, il monta sur le piédestal et frotta avec le gras du poisson toute sa figure en disant :

— Mange, notre bon dieu, mange et envoie-nous aussi à l'avenir beaucoup de poisson !

Tchaktcha fit de même avec la chair d'un oiseau, d'un renne et d'un cheval. Lorsque les narines d'Ortik, selon l'opinion du chaman, eurent assez flairé l'odeur de la victime, et que son visage fut suffisamment frotté de sang et de graisse, le prêtre prit d'abord pour lui-même une bonne part des vivres et la mit de côté en récompense de ses services ; puis il laissa le reste à la disposition des assistants.

Pendant quelques minutes ce fut un tumulte, une bousculade générale ; mais l'ordre se rétablit et les Vogoules s'installèrent par groupes, composés de plusieurs familles, autour des feux et commencèrent à banqueter. Le souper se trouva abondant ; aussi, tous, le visage joyeux, se mirent-ils en devoir de faire disparaître la viande et le poisson crus du sacrifice. Chaque chef de famille en gardait une portion, pour emporter à la maison et la partager entre ceux qui, pour une raison ou une autre, n'avaient pu venir en personne assister à la cérémonie. Cette viande sacrée devait les faire, eux aussi, participer à cette solennité.

Quelques-uns des Vogoules cherchèrent à varier leur menu. Ils jetaient des morceaux de renne, de gelinotte et de poisson sur les charbons ardents et se délectaient de viande grillée.

Tchaktcha, avec les chamans des autres iourtas, fit le tour de toutes les idoles, en les régalant de la part d'Ortik, comme d'un maître hospitalier. C'était la preuve qu'Ortik désirait continuer les relations d'amitié avec tous les dieux qui avaient honoré sa fête de leur présence. Et lorsque toutes les idoles furent suffisamment frottées, on plaça devant chacune d'elles une coupe remplie d'eau pour qu'elles pussent boire. Après quoi, les cha-

mans se réunirent en un groupe à part et banque-
tèrent· en l'honneur de leurs dieux, tant qu'ils
ne furent pas rassasiés jusqu'au dégoût.

Tous les autres Vogoules ne cessèrent, eux
aussi, de manger avant d'avoir senti leurs esto-
macs surchargés. Les richards qui avaient offert
chacun en sacrifice plusieurs rennes, et les pauvres qui n'avaient rien apporté du tout, disposaient également des vivres, se sentaient également maîtres ici, et tous mangeaient autant qu'il
leur plaisait. C'est dans cet état de satiété que les
Vogoules mettent leur plus grand bonheur. Tous
étaient heureux maintenant, depuis le plus petit
enfant jusqu'au vieillard.

Ceux que le sommeil commençait à gagner se
retirèrent dans leurs huttes respectives; quant
aux autres, surtout les jeunes, ils restèrent là et
organisèrent un petit divertissement. Ce n'était
plus la danse religieuse qui aboutissait à l'épuise-
ment et aux crises nerveuses; maintenant les
jeunes gens s'amusaient tout simplement. Laatcha
était un très habile musicien. Il prit la dombra et
se mit à jouer un air de danse avec un tel entrain
qu'il était impossible de rester en place : les
jambes s'agitaient d'elles-mêmes. Non seulement
les jeunes, mais aussi les Vogoules âgés se levèrent brusquement de leurs places et se mirent à
exécuter toutes sortes de pas.

Parmi les danseuses, Laatcha aperçut la jeune
fille qui l'avait si fort intéressé. Elle inclinait si
gracieusement la taille d'un côté et de l'autre, elle
écartait ses bras d'un geste si large et si majes-

tueux, elle se campait si fièrement sur ses han-
ches, mettait tant de grâce à sautiller et à tournoyer avec un jeune Vogoule, que Laatcha oublia
tout pour la regarder. Un coup de vent rejeta son
voile de côté, et Laatcha aperçut une très belle
physionomie, aux yeux noirs et aux lèvres rouges
et souriantes.

— Ah ! qu'elle est belle ! s'écria involontairement
Laatcha en cessant de jouer.

Il cherchait à remettre à quelqu'un l'instrument
pour aller danser avec l'inconnue, mais celle-ci se
troubla, recouvrit soigneusement sa figure et sortit
du cercle des danseurs. Alors plusieurs jeunes
filles qui, à leur tour, admiraient Laatcha, s'approchèrent de lui en lui proposant à l'envi de danser
avec elles. Lui, cela va sans dire, acceptait leur
offre et s'amusait de grand cœur. Les jeunes
gens, dans leur entrain, ne s'apercevaient pas que
le temps se passait, que les feux, l'un après
l'autre, s'éteignaient, que les prêtres avaient
achevé de laver le visage des idoles, tout enduit
de graisse, dans la même eau qu'on leur avait pré-
parée pour boire ; les jeunes gens ne remarquaient
rien de tout cela, et ils auraient pu continuer
à danser jusqu'au lendemain. Mais, vers les
trois heures du matin, Tchaktcha mit fin à leurs
ébats.

Ces sacrifices et ces festins se continuèrent pendant dix nuits de suite. Ortik, par la voix de
Tchaktcha, se déclara complètement satisfait
d'une solennité aussi longue ; non moins satisfait
était le chaman lui-même. Les provisions qu'il

avait pu mettre de côté devaient lui suffire pour l'hiver entier ; de plus, il était pourvu pour long-temps de linge et de vêtements ; quant aux Vogoules et à leurs invités, ils se montraient également heureux de s'être régalés amplement et amusés de tout leur cœur.

Laatcha avait lié connaissance avec la belle inconnue. Il avait appris qu'on l'appelait Lagor et qu'elle était la fille d'un riche éleveur de de rennes, — Ghynda. Ils se plurent mutuellement, dansèrent beaucoup ensemble et finalement échangèrent la promesse de s'épouser, mais alors seulement que Laatcha aurait gagné un *kalyme* (1) suffisant, sans lequel aucun jeune Vogoule n'ose-rait demander une jeune fille en mariage. Lagor fit savoir à son fiancé qu'on lui donnerait en dot mille rennes et beaucoup de biens, et qu'elle ré-pondait du consentement de son père, car il avait toujours parlé de Laatcha en des termes fort élo-gieux, et même prévenu sa fille qu'elle le verrait à la fête en l'honneur d'Ortik.

— Et quant à moi, fit joyeusement Laatcha, ma mère m'avait dit de choisir à la fête une fiancée selon mon cœur, pourvu qu'elle ne soit pas riche, afin que je n'aie pas à payer un trop fort kalyme. Et voilà que j'ai désobéi à ma mère !

Les jeunes gens convinrent de garder en atten-dant le secret sur leur affection mutuelle et de ne pas murmurer si la question de leur mariage devait traîner en longueur.

---

(1) Rançon que le fiancé paye pour sa future.

Les fêtes étaient terminées; les prêtres se mirent en devoir de reporter avec solennité les idoles dans leurs temples. Tchàktcha fit descendre Ortik par la fenêtre dans la caverne où il se tenait ordinairement, Meïk fut replacé à l'endroit où il était auparavant.

Lorsque son petit traîneau attelé de rennes eut disparu hors de vue...

Peu à peu, les alentours devinrent déserts, les huttes furent enlevées, la foule des convives s'écoula. Laatcha vit aussi partir Ghynda avec sa femme et sa fille.

Lorsque son petit traîneau attelé de rennes eut disparu hors de vue, un grand chagrin envahit l'âme de Laatcha; il s'en alla dans la forêt et y erra longtemps entre les pins et les sapins.

La nuit était venue. Laatcha, sans s'en apercevoir, se retrouva dans la clairière où tout était maintenant tranquille; arrivé auprès de l'endroit qu'avaient occupé les idoles, il se laissa tomber sur l'herbe jaunie. La lune surgit au-dessus de la forêt et illumina la clairière.

La statue de Meïk semblait un cadavre pétrifié, au milieu des buissons dénudés d'églantiers, de sureaux et de merisiers à grappes qui l'entouraient. Laatcha demeura longtemps assis, rêveur, songeant à la solennité qui venait de se terminer. L'air, de sec et froid qu'il était, devint tout à coup humide. Laatcha le sentit et, jetant un regard sur le ciel couvert et gris, qui paraissait d'un blanc laiteux à l'endroit où la lune perçait les nuages, il se redressa tout à coup. Dans son imagination se dessina le tableau de l'hiver et de la chasse. Il se leva comme s'il avait secoué la tristesse qui s'était momentanément emparée de lui et, ranimé, il revint à la maison.

« Il faut travailler, chasser beaucoup et non pas s'affliger sans rien faire », se dit-il en s'approchant de la iourta.

Et dans sa iourta il faisait bon et chaud. Un grand feu flambait dans la cheminée et éclairait de ses lueurs joyeuses les murs de la cabane. Le fumet du repas savoureux, que préparait sa mère, caressait l'odorat. Les visages bienveillants des siens se tournèrent vers Laatcha.

— Mère, dit-il en s'asseyant auprès du feu, les froids commencent, on sent la neige venir, prépare-moi des raquettes et des vêtements d'hiver. Dès la première neige, je m'en irai pour longtemps.

Dix minutes plus tôt, le père de Laatcha avait fait la même recommandation à sa femme. Après le souper, le père et le fils échangèrent longtemps leurs plans sur la chasse à venir, tandis que la mère, ayant apporté du hangar tout un tas de vêtements de cuir et de fourrures, en tirait et mettait de côté ceux qui étaient le plus rétrécis et ratatinés. Tchidar (ainsi s'appelait la mère de Laatcha) devait tremper ces vêtements qui avaient perdu leur forme et les étendre avec ses dents. Ce n'était pas chose facile, d'autant plus que les vêtements d'hiver d'un chasseur sont assez compliqués et qu'elle avait à en préparer pour deux.

Cette nuit-là, Laatcha s'endormit le sourire aux lèvres. Une foule de tableaux divers passaient dans son imagination. Tantôt il lui semblait voir des centaines de zibelines tuées à la chasse, tantôt des rennes qu'il avait achetés, tantôt une grande et belle iourta nouvellement construite. Sa mémoire faisait revivre à chaque instant l'image de la fête qui venait de se passer avec tout son tumulte et toute sa joie ; et au-dessus trônait Ortik, qui, indiquant de la main des hermines apparues on ne sait d'où, répétait le mot *kalyme*. Une fois ce mot résonna d'une manière particulièrement traînante, et ce son rappelait à Laatcha les sons d'une dombra. Il prêta l'oreille... Oui, c'est bien une dombra... il écoute, voilà que le tambour vient s'y joindre... Laatcha écoute toujours, les sons se rapprochent... Et il se trouve tout à coup que ce n'est pas du tout de la musique, mais un bruit de pas lourds et craquants.

Il se sentit glacé d'effroi, sans en savoir la raison. Les pas se rapprochèrent, la porte de la iourta grinça, s'ouvrit et sur le seuil apparut Meïk. Laatcha ne craignait pas Meïk immobile sur son piédestal dans la clairière, parce qu'il connaissait bien sa forêt et n'avait pas peur de s'y perdre. Mais l'apparition de ce méchant dieu à la porte de sa iourta le plongeait dans la terreur. Le visage de Meïk était sombre, et tout à coup il dit d'une voix sévère :

— Si tu ne m'offres pas à l'instant même un sacrifice expiatoire, j'emmenerai dans la forêt ta fiancée Lagor, et tu ne la reverras jamais plus.

Tremblant de terreur, Laatcha essaya de répondre qu'en ce moment il n'avait rien à lui offrir en sacrifice, de supplier Meïk d'attendre, parce que tout ce qu'il avait en réserve avait été offert à Ortik ; mais sa langue ne lui obéissait pas et sa voix ne sortait pas de sa gorge. Et Meïk le regardait toujours avec ses yeux courroucés, ses yeux de feu. Laatcha voulut crier — mais en vain... Tout à coup la silhouette de Meïk se balança et disparut, en faisant place à la déesse d'or dans son vêtement aérien. Resplendissante d'une lumière céleste, la déesse lui dit en souriant :

— Sois tranquille, mon enfant, je suis la protectrice de Lagor : je ne permettrai pas au méchant Meïk de lui faire du mal.

Laatcha se sentit ravi et voulut se jeter aux pieds de la déesse. Il fit un mouvement brusque

sur son banc et... s'éveilla. Le jour commençait
à peine à poindre; tout le monde dormait encore;
Tchidar seule était assise devant le foyer allumé
et étendait courageusement avec ses dents les
bottes de son fils. Laatcha lui adressa un sourire,
se leva promptement de son banc, courut vers la
porte, l'ouvrit et jeta un regard sur la forêt. Et il
aperçut de petits flocons de neige qui, tournoyant
dans l'air, tombaient à terre et sur les branches
des arbres.

CHAPITRE III

L'HIVER DANS LES MONTS OURALS

UN CHASSEUR ÉMÉRITE. — LE REPAIRE D'UN FAUVE.
UNE NOCE INTERROMPUE.

L'hiver prit possession de la terre et étendit sur elle son voile de neige, élevant les rivières au niveau des bords, couvrant les arbrisseaux, cachant à moitié les iourtas. Les haies et les clôtures disparurent également sous la neige. Il en était tombé à la hauteur de deux mètres. Des gelées de 50° centigrade faisaient éclater les troncs d'arbres, se crevasser la terre et les murs des iourtas. Les oiseaux tombaient morts en plein vol, les animaux avaient fui dans leurs tanières. L'homme lui-même ne s'en trouvait pas mieux. Il s'enveloppait de fourrures de la tête aux pieds et allumait un feu d'enfer dans ses iourtas. Seule, la forêt géante restait impassible, et ses cimes d'un vert sombre se détachaient fièrement sur le fond blanc.

Par une de ces froides matinées, Laatcha commença ses préparatifs pour se rendre à la chasse. Trois fois, pendant cet hiver, il en était revenu avec un riche butin, et il allait maintenant partir pour sa quatrième expédition.

Le petit hangar de la famille avait déjà reçu un grand nombre de peaux de zibelines, d'hermines, de renards, d'écureuils et de martres, mais Laatcha craignait toujours que ce ne fût pas là un kalyme suffisant pour Lagor.

Dans la cheminée de la iourta flambait un grand feu. Toute la famille était réunie. La mère de Laatcha et sa sœur portaient de longues robes, par-dessus leur linge. Ces robes étaient faites de deux fourrures : d'écureuil, le poil en dedans, et de renne, le poil en dehors. Les pans des robes étaient réunis par deux rubans de couleurs en coton. Des ceintures en cuir complétaient leur toilette. A travers le glaçon qui servait de fenêtre passait un rayon du soleil, éclatant, mais froid. La famille venait d'achever son déjeuner ; Laatcha s'habillait, aidé par sa petite sœur Tchidar. Tout d'abord il mit un pantalon en peau d'élan, puis des *tchiji*, c'est-à-dire de longs bas en peau de renne, le poil en dedans, et par-dessus les bas, des chaussures en feutre, des *pimy*. Enfin sa sœur lui donna la *malitza*, en peaux de renne, cousues aussi, poil en dedans. Ce vêtement, dont les manches sont terminées par des espèces de mitaines, se passe par-dessus la tête et descend jusqu'aux genoux. Dans les mitaines, à la hauteur du poignet, sont pratiquées des fentes, pour qu'au besoin on puisse sortir les mains. Le bas de la malitza est garni de fourrure d'ours. La ceinture en cuir dont Laatcha se serra la taille se fermait avec une boucle en cuivre, et des boutons plats du même métal lui faisaient comme une carapace d'écailles. A cette ceinture, Laatcha suspendit un petit sac en cuir contenant le briquet, la pierre à feu et l'amadou. Sur la malitza, le jeune chasseur mit la *parka*, sans fente par-devant, aussi courte que la malitza, dont elle ne se distinguait que par le poil tourné en dehors ; puis venait le *sovik*, long vêtement de peaux d'élan cousues ensemble, avec le *bachlyk* qui ceignait étroitement la tête. Le sovik n'a pas, non plus, de fente par-devant ; seulement, à la hauteur de la figure, on y découpe une petite ouverture ronde. Beaucoup de Vogoules mettent sous le bachlyk un bonnet, ce que fit aussi Laatcha. Il serra de même le sovik avec une courroie, à laquelle pendaient un couteau de chasse dans un fourreau de cuir et un petit sac avec un attirail de chasseur. Devant le seuil de la iourta étaient placées les raquettes, des planches de tilleul longues de 0ᵐ80, larges de 0ᵐ20, épaisses d'un demi-pouce. Les bouts des raquettes sont arrondis et relevés ; le dessous en est garni de bandes en peau de renne et le dessus des nœuds en cuir avec des cordons pour passer les pieds.

Pendant que Laatcha mettait la malitza, Tchidar se rendit dans la forêt. A quelques mètres de la iourta, s'élevait, sur de hautes poutres, le hangar, une simple charpente en bois, avec une porte barrée à l'aide d'une perche. En été, Tchidar y montait par une échelle, mais maintenant l'échelle devenait inutile, puisque la neige enlevée devant la iourta s'amoncelait, à la hauteur de la porte. Tchidar en retira un traîneau long, étroit et léger, et y plaça plusieurs peaux de renne, une tente de voyage démontée, une hache, un chaudron et un sac de viande gelée. Puis elle prit une idole en bois grossièrement fabriquée, longue de 0^m50 environ. Cette idole, protectrice de Laatcha à la chasse, était enveloppée d'une serviette en toile blanche, brodée de coton rouge, et ressemblait ainsi à un enfant en maillot. Après avoir placé aussi l'idole dans le traîneau, Tchidar recouvrit le tout d'une peau de renne, l'assujettit solidement avec une courroie et amena le traîneau à la porte de la iourta.

Laatcha était déjà prêt. Il suspendit à son épaule son fusil chargé, son arc et ses flèches, et attacha sur son dos une planche en forme de tablette, longue de 0^m40 et large de 0^m20. La planche était recouverte d'une espèce de housse qu'on passait par-dessus la tête et qui descendait sur le dos ; on y posait les peaux précieuses d'animaux à fourrures. Après avoir pris congé des siens, Laatcha fixa les raquettes à ses pieds, attacha par derrière le traîneau à sa ceinture, prit dans sa main une massue et se mit en route.

Le jeune chasseur vole comme une flèche en dirigeant sa course avec la massue. Ses raquettes glissent sur la neige, unie et blanche comme du sucre qui s'irise au soleil. Le traîneau court derrière lui en zigzaguant et en heurtant parfois contre les troncs. Tout en se frayant un chemin sinueux à travers les arbres et en laissant de côté les clairières lumineuses, où la neige jette un éclat éblouissant, Laatcha regarde d'un œil perçant dans toutes les directions et prête l'oreille au moindre bruit. Mais on ne voit rien que la forêt sombre, on n'entend rien que le craquement de la neige sous les raquettes et les patins du traîneau et, de temps en temps, le heurt du véhicule contre les arbres. Parfois un rameau cingle la tête et les épaules de Laatcha ; parfois un arbre, en tressaillant, le couvre de neige de la tête aux pieds. D'autres fois il donne droit contre un arbre que heurte sa massue, mais il l'évite habilement. Ses jambes, habituées depuis l'enfance à cet exercice, dirigent adroitement les raquettes ; le chasseur ne craint pas la bise ; ses vêtements, adaptés à l'hiver rigoureux, ne laissent pénétrer à travers ni le froid, ni le vent. Reste la figure à découvert dans le cadre étroit du sovik ; Laatcha se la frotte de temps en temps avec les mitaines, non qu'il ait froid, mais par crainte de laisser geler par hasard son nez ou ses joues ; du reste, la rapidité de ses mouvements lui donne chaud.

Dans une clairière se dessine quelque chose de noir ; le chasseur l'examine attentivement : non, ce n'est pas un animal, c'est un corbeau gelé, que tiraillent deux ou trois de ses congénères.

Laatcha poursuivit sa course ; tout à coup, en avant, près de lui, il entendit craquer une branche qui cassait ; son extrémité resta suspendue en secouant la neige sur les branches inférieures ; en même temps se fit entendre le bond léger d'un petit animal. Laatcha s'arrêta et sortit ses mains des mitaines. A quelques pas de lui, au bout d'un sapin peu élevé, éclairé par le soleil, était commodément assis un écureuil gris sombre, sa petite queue noire et touffue relevée verticalement. Il tenait dans ses pattes de devant quelque chose qu'il rongeait hâtivement avec ses dents fortes et pointues, en regardant Laatcha avec de petits yeux étonnés. En un clin d'œil, le fusil, chargé d'un seul grain de plomb, se trouva dans les mains du chasseur ; il visa, le chien s'abattit et l'unique grain de plomb frappa l'animal à l'œil. Encore un moment, et l'écureuil tué est étendu sur la neige. Sa petite peau chaude est enlevée et assujettie par une courroie sur la planche derrière le dos, et son corps menu s'engouffre dans le traîneau, sous la peau de renne.

Laatcha continue son chemin, en jetant toujours des regards attentifs autour de lui. Il aperçoit des traces très menues et légères, comme si quelqu'un avait à peine effleuré de deux doigts la neige.

— Ce sont les traces d'une hermine, pense Laatcha en s'arrêtant.

On n'entend nul bruit, mais voilà une autre piste du côté opposé ; un peu plus loin, les deux se sont entremêlées et mènent à une place découverte, qu'on aperçoit à quatre mètres de là. Laatcha s'avance tout doucement et voit deux petits animaux tout blancs qui s'amusent, insouciants, sur un tas de neige.

Un coup de feu retentit et se répercuta en échos dans la forêt. L'un des animaux fit un soubresaut,

Il visa, le chien s'abattit et l'unique grain de plomb frappa l'animal à l'œil.

se renversa et roula au bas du tas de neige ;
l'autre se jeta de côté et se mit à courir d'un arbre
à l'autre. Laatcha n'avait plus le temps de rechar-
ger son fusil, il eut donc recours à l'arc : une
flèche, petite, à la pointe émoussée, vint en sifflant frapper à la tête le petit animal, qui resta
immobile.

Sur le même tas de neige où, un instant auparavant, les deux hermines prenaient leurs ébats,
Laatcha s'assit pour se reposer et manger un morceau de chair tiède du gibier qu'il venait de tuer.
Il avait faim, depuis deux heures qu'il était
sorti de la maison. Avec son couteau de chasse, il
découpait de longues tranches, puis il s'en four-
rait dans la bouche autant qu'il en pouvait entrer
et coupait le surplus tout près de ses lèvres. La
chair tiède et succulente lui fit un repas très savoureux.

Sa halte est cependant de courte durée, et le
voilà de nouveau en route. Plus il s'enfonce dans
la forêt, plus la chasse est fructueuse. L'arc et le
fusil ne chôment guère ; sur la planchette s'entas-
sent les peaux argentées. La journée d'hiver
n'est pas longue ; pourtant, lorsque la nuit fut
venue, Laatcha se trouvait déjà à 70 vertes (1) à
peu près de sa iourta.

Ayant choisi un endroit au pied d'une montagne abrupte et boisée, il s'y arrêta pour passer
la nuit. Il était fatigué ; du reste, à cette heure
tardive, il était temps de cesser la chasse. Il com-

---

(1) La verste vaut 1.067 mètres.

mença donc à dresser sa tente. Il tira du traîneau deux perches longues et minces, les planta dans la neige l'une en face de l'autre, à une distance de trois mètres à peu près et joignit leurs extrémités qu'il attacha ensemble avec une courroie. Puis il planta encore plusieurs perches des deux côtés et, en les courbant, les fit passer sous la courroie. Il couvrit la hutte ainsi formée, et qui avait l'aspect d'une cage, avec des peaux de rennes, et l'entoura d'un rempart de neige pour que le vent ne s'insinuât point par en bas. Lorsque l'abri fut prêt, Laatcha étendit dans le coin de la tente la peau d'une des zibelines qu'il avait tuées et plaça dessus son dieu protecteur, puis il prépara du combustible pour toute la nuit, alluma un feu et suspendit au-dessus, au moyen d'une courroie, un chaudron rempli de neige. La confection d'un lit ne lui donna pas plus de peine : d'un côté de la tente, tout près du feu, Laatcha posa directement sur la neige deux peaux de renne l'une sur l'autre et sa couche se trouva prête. Après s'être ainsi préparé un abri chaud et commode pour la nuit, Laatcha plaça son traîneau, maintenant vide, à l'entrée, y entassa ses armes, ses raquettes et la planche où s'étalaient les peaux des animaux tués, puis le recouvrit d'une peau de renne : alors seulement, avec l'air satisfait d'un homme qui se dispose à goûter le repos, il ôta son sovik et s'accroupit sur son lit près du feu, pour se réchauffer.

Cependant la neige avait fondu dans le chaudron, et de légères buées commençaient à monter en l'air. Tout à coup, un pétillement se fit entendre : c'était l'eau qui bouillonnait et rejaillissait de tous les côtés. Laatcha y plongea de la viande de zibeline coupée en morceaux, et attendit avec impatience que le souper fût prêt. Une nourriture chaude lui était indispensable après une course aussi longue et une journée entière passée au froid. Il jetait à tout moment des coups d'œil dans le chaudron et remuait sa soupe avec un bâton, en retournant les morceaux de viande.

Enfin, il se mit à manger : il ôta du feu le chaudron et le plaça devant lui sur la neige, puis, avec le bout pointu du bâton, il retira du chaudron des morceaux de viande : après en avoir offert préalablement à l'idole, il les mangeait un à un, en jetant de côté les petits os minces. Lorsqu'il les eut dévorés jusqu'au dernier, et que le chaudron se fut assez refroidi pour qu'on pût le toucher avec les lèvres, Laatcha y but à même le bouillon.

Après ce repas copieux, il se coucha. Il n'eut pas plus tôt mis le sovik sous sa tête que le sommeil commença à le gagner. Le feu peu à peu s'éteignait, le pétillement de branches devenait de plus en plus faible ; bientôt, le foyer ne présenta plus qu'un amas de charbon ; les ténèbres envahirent l'intérieur de la tente. Laatcha dormait profondément ; pourtant le froid se fit sentir : tout transi, il se réveilla, mais pour retomber aussitôt dans son sommeil.

Le matin du jour où Laatcha était parti pour la

chasse, la conversation suivante avait eu lieu entre sa mère et son père :

— Quand penses-tu te rendre chez le père de Lagor pour la lui demander en mariage? interrogea Tchidar.

Le mari, étendu sur le banc, tourna lentement la tête vers sa femme, et répondit à contre-cœur.

— Je ne sais pas, aujourd'hui ou demain, et peut-être même dans deux jours. J'aurais voulu auparavant faire lever un ours, j'en ai découvert la tanière pas loin de nous.

Ayant dit, il se tut et ferma les yeux.

— C'est à n'en pas finir, dit Tchidar, tu as déjà tué deux ours cet hiver, c'est assez pour toi. L'ours ne se sauvera pas ; il ne faut pas pour lui remettre la demande en mariage. Cela traînerait ainsi jusqu'au printemps ; et alors les fleuves déborderont, les marais dégèleront ; il sera plus difficile d'arriver chez Ghynda, et le mariage de Laatcha serait encore différé d'une année.

Pour toute réponse, Kouksa murmura quelques paroles inintelligibles et, avec un geste d'impatience, tourna la face contre le mur.

— Et cependant Ghynda attend, reprit Tchidar. Ce n'est pas pour rien qu'il t'a dit, en prenant congé de toi, que Laatcha était le meilleur parti qu'on pût désirer. Ce n'est pas pour rien qu'il t'a invité à venir le voir cet hiver. Prends garde, ne perds pas l'occasion. C'est une affaire plus avantageuse que ton ours. Lagor est belle, elle est riche ; elle ne restera pas longtemps fille ; si tu arrives trop tard, Laatcha sera malheureux. Il aime Lagor, tu le sais. Son kalyme est prêt depuis longtemps, tout ne dépend plus que de toi.

Kouksa se tourna de nouveau vers sa femme et la regarda d'un air surpris. Ce qu'il venait d'entendre maintenant de sa bouche ne lui était jamais venu à l'esprit. Jusqu'à présent, il ne remettait son voyage que parce qu'il n'aimait pas à s'absenter longtemps de la maison ; il commençait à vieillir, se fatiguait bien vite et préférait à toute autre chose de rester dans sa iourta avec sa famille. Dans les derniers temps, il ne sortait que pour la quête du gros gibier, et seulement quand les vivres touchaient à leur fin. Quant à la chasse aux animaux à fourrures, il l'abandonnait à Laatcha. Celui-ci s'occupait également de la vente des peaux et de l'achat de tout ce qui était nécessaire au ménage. Le père ne pensait même pas qu'il risquait d'arriver trop tard, qu'on pouvait marier Lagor avant qu'il l'eût demandée pour Laatcha. Sa femme l'avait comme arraché au sommeil, et Kouksa, ne voulant plus ajourner l'affaire, se mit en route le jour même.

Tchidar était très contente ; elle avait la certitude qu'avant le printemps ils pourraient célébrer la noce de Laatcha. Toute joyeuse, elle se rendit dans une iourta voisine, qui se trouvait à la distance de douze mètres environ de sa demeure. Elle était déserte, froide et offrait un aspect triste et désolé. Ses habitants, dès le commencement de l'hiver, s'étaient transportés vers l'est, chez un parent riche, en laissant la iourta à la disposition de Tchidar. Mais elle n'y était point entrée, et maintenant, pour la première fois, elle venait examiner avec soin les murs, les linteaux et les portes couvertes de givre de la demeure qu'elle réservait à son fils favori.

Au moment même où Laatcha, après avoir dressé sa tente dans la forêt, était assis devant le feu, Tchidar, avec ses deux autres enfants, se chauffait également devant la cheminée dans sa iourta. La petite Tchidar, quoiqu'elle n'eût que dix ans, aidait déjà activement sa mère dans les travaux du ménage. Elle mettait du bois dans la cheminée, balayait la iourta, brisait l'ortie sèche, en épluchait les fibres et les filait pour en faire de la toile. Ce soir-là, la mère et la fille étaient occupées à préparer du fil pour coudre des vêtements de fourrures. A côté d'elles se trouvaient plusieurs petites bêtes, tuées par Laatcha dans son avant-dernière chasse. Leurs peaux étaient conservées dans le hangar; quant à leur chair, Tchidar l'avait apportée et posée auprès du feu, afin qu'elle dégelât. La mère et la fille en retiraient maintenant les nerfs avec les dents, et la mettaient ensuite dans un chaudron rempli d'eau pour en faire la soupe; quant aux nerfs, ils devaient servir de fils.

Le second fils de Tchidar, Satyga, âgé de douze ans, raccommodait ses raquettes, en y attachant des courroies neuves. Le père l'emmenait souvent à la chasse à l'élan et lui avait promis même de le conduire à la chasse à l'ours; c'est pourquoi l'enfant était très fâché de voir cette chasse remise. Tchidar regardait de temps en temps ses enfants avec tendresse. Le feu flambait dans la cheminée, éclairant la iourta d'une joyeuse lumière rouge, qui colorait le visage des enfants d'un vif incarnat. La petite Tchidar avait de fins sourcils noirs, ses cheveux étaient tressés en grosses nattes. Satyga était moins beau que Laatcha, moins adroit ; il n'avait pas la belle tournure ni l'aspect viril de son frère. C'était un garçon très nerveux, n'agissant que par élans, tantôt prêt à n'importe quelle action héroïque, tantôt immobile, rêveur, distrait. Sa figure maigre et ovale à traits irréguliers s'animait parfois jusqu'à paraître réellement belle, mais souvent aussi ce même visage pâlissait, ses yeux devenaient ternes, ses sourcils se rapprochaient, des rides plissaient son front, et Satyga avait alors l'air d'un petit vieillard fort laid. Les récits où il était parlé des chasseurs aventureux ou des chamans intéressaient profondément Satyga. Il partageait la joie, la douleur, l'indignation et la terreur des héros du récit.

Le chaman Tchaktcha avait remarqué Satyga et l'observait. Il en vint à conclure que Satyga était un élu des dieux, qu'Ortik l'avait prédestiné à devenir son prêtre. Tchaktcha n'avait encore fait part de ses réflexions à personne, mais il emmenait souvent Satyga chez lui et pendant de longues heures, l'entretenait, l'exhortait au bien, l'initiait aux devoirs d'un chaman et se préparait ainsi peu à peu un aide. Tchaktcha attendait que le garçon eût ses quinze ans révolus. Il avait l'intention de déclarer alors aux parents la volouté des dieux et d'emmener Satyga pour toujours dans sa iourta.

La famille goûtait la douceur d'une tranquille conversation.

— Mère, est-ce que père t'a emmené quelquefois à la chasse à l'ours? demanda Satyga.

— Dans les premières années de mon mariage, lorsque Laatcha et vous autres n'étiez pas encore au monde, j'accompagnais partout mon mari.

— Même à la chasse à l'ours? s'écria le garçon.

Et ses yeux brillèrent, sa figure s'anima; il regardait avec curiosité sa mère.

— Oui, même à la chasse à l'ours. Je tirais juste. Le père était armé d'un épieu. moi, d'un arc et d'un fusil, pour le tirer d'embarras en cas de besoin.

— Comment cela? raconte-le-moi!... Et pourquoi n'en as-tu jamais parlé jusqu'à présent?

La mère sourit, remit du bois dans la cheminée et continua :

— Qu'est-ce qu'il y a donc là d'extraordinaire? Vous savez que beaucoup de femmes vogoules accompagnent leurs maris à la chasse. Pourquoi ne l'aurais-je pas fait aussi? Nous nous approchions ensemble de la tanière. Kouksa préparait l'épieu et attendait, tandis que moi j'envoyais une flèche dans l'ouverture de la tanière pour faire lever l'animal, puis je me cachais derrière mon mari, en tenant prêt mon fusil. L'animal, avec un grondement irrité, se levait sur ses pattes de derrière et marchait contre nous...

Les enfants avaient interrompu leur besogne

et regardaient leur mère, sans la quitter des yeux. Satyga était comme dans un accès de fièvre, ses yeux brillaient, un frisson parcourait son corps. Il respirait péniblement.

— Ah ! nous avons eu une fois affaire à un ours très grand qui a failli causer un malheur... continua Tchidar.

Les enfants levèrent les yeux jusqu'au plafond de la iourta ; la mère s'en aperçut et dit :

— Pas si grand que vous semblez le croire, mais tout de même, quand il se leva sur ses pattes, il dépassait de la tête votre père ; avec cela il avait l'air si féroce et terrible... Lorsque je l'aperçus, mon cœur se glaça d'effroi. Quand il donna contre l'épieu, il le saisit avec les pattes, gronda et se mit à le briser. Au moment où la pointe de fer le transperçait de part en part, les traverses qui soutenaient l'épieu se cassèrent... Je tirai de derrière l'épaule de mon mari dans la gueule ouverte de l'ours. Il tomba sur la neige et mourut.

— Que serait-il arrivé, si tu l'avais manqué ? demanda Satyga d'une voix émue.

— Alors l'ours se fût avancé et aurait saisi votre père.

— C'est pour que je vienne ainsi à son secours que mon père veut m'emmener aussi.

— Pour que tu viennes à son secours et aussi pour que tu apprennes à chasser l'ours, répondit la mère, qui se tut.

La petite Tchidar se remit à son travail, tandis que Satyga s'absorbait dans une rêverie profonde.

Il rejeta sa raquette, se leva et se mit à marcher rapidement dans la iourta. Dans un coin étaient accrochées les armes de son père ; là se trouvait placé aussi l'épieu. Le garçonnet s'en approcha, passa sa main sur la pointe de fer et, regardant sa mère, il dit :

— Je n'aurai pas peur. Je l'étendrai par terre du premier coup, comme tu l'as fait, toi.

A une centaine de verstes de l'endroit où demeurait la famille de Kouksa, s'échelonnaient sur les bords du fleuve quelques iourtas. L'une d'elles, située sur une colline, se distinguait des autres par sa grandeur et sa construction. Elle était couverte d'un toit et entourée d'une cour à haute clôture ; un escalier à trois marches, avec une rampe sculptée, donnait accès à la porte ; la fenêtre supérieure était garnie, non d'un glaçon, comme dans les autres iourtas, mais d'un châssis avec des carreaux. Dans la cour, se trouvaient une étable, une écurie et une autre petite iourta avec un poêle russe. Tout cela appartenait au riche Ghynda.

Kouksa avait marché toute la journée, passé la nuit dans une caverne qu'il connaissait, et dans l'après-midi de la journée suivante, faisant crier ses raquettes sur la neige durcie par le gel, il arriva auprès de la iourta de Ghynda. Lorsqu'il ouvrit la porte, une bouffée d'air chaud s'en échappa ; les murs de la iourta étaient couverts de peaux de renne et de tapis en feutre aux dessins éclatants ; sur les bancs étaient étendues des fourrures d'ours et de renard. La femme et la fille de Ghynda

étaient vêtues de longues robes en drap de couleurs voyantes, doublées de fourrure de renard.
Elles étaient occupées à des travaux domestiques,
tandis que Ghynda lui-même, enveloppé dans une
malitza en drap, se chauffait devant le feu.

A l'apparition de Kouksa, la femme de Ghynda,
Lopta, et sa fille Lagor, baissèrent leurs voiles et
quittèrent aussitôt la iourta, devinant ce qui ame-
nait le nouveau venu. Après avoir souhaité le
bonjour au maître de la maison, Kouksa détacha
ses raquettes, ôta son sovik, et sans attendre qu'on
l'invitât, s'assit également auprès du feu. Ils demeurèrent silencieux pendant quelques instants;
Ghynda jetait des regards obliques sur son hôte;
enfin, il lui tendit sa tabatière. Ghynda prisait
seulement, mais Kouksa, qui chiquait, prit plusieurs pincées qu'il fourra dans l'intérieur de ses
joues et de sa lèvre inférieure. Puis, sans regarder
Ghynda, il demanda à brûle-pourpoint :

— Quelle est ton opinion sur Laatcha?

— Laatcha est un brave gars, répondit Ghynda;
c'est un chasseur audacieux et un homme sobre.
Il sera un bon père de famille et ne dissipera pas
la dot de sa femme. Il plaît à bien des jeunes filles, parce qu'il est beau, bien fait et d'un caractère
enjoué.

— Lagor aussi est une jeune fille belle, mo-
deste, bonne ménagère, reprit Kouksa après un
court silence. Tous les jeunes gens en sont épris.
Mais le père de Lagor est riche et les Vogoules
pauvres n'osent pas demander sa fille en mariage
pour leur fils...

— Dernièrement, un homme riche a demandé la main de Lagor, interrompit Ghynda, — un descendant des anciens princes de la famille des Ablegarans (1). Mais c'est un ivrogne et je l'ai refusé. J'ai refusé aussi un opulent éleveur de rennes, parce qu'il avait trahi la foi de ses ancêtres. Je ne veux pas que Lagor embrasse une autre religion et irrite ainsi nos dieux. Ghynda ne court pas après la fortune, pourvu que sa fille soit heureuse. Lagor a du bien elle-même : que lui faut-il de plus? Puis, selon moi, le riche n'est pas celui qui a beaucoup de bien, mais celui qui n'est point paresseux, qui se connait en matière de chasse et sait conserver ce qu'il a gagné. Lagor apportera une belle dot à son mari, je l'aiderai dans les temps difficiles, et lorsque je mourrai, je lui laisserai tout, pourvu qu'il prenne soin de ma vieille femme. Je n'ai pas d'autres parents.

— Quel kalyme désire Ghynda? demanda Kouksa d'une voix hésitante.

— L'honneur et la dignité de la fiancée exigent que le kalyme soit considérable. Quoique je n'aie pas besoin d'argent, je ne voudrais pas humilier ma fille en la donnant pour rien.

L'effroi se peignit dans les regards de Kouksa. Il renouvela timidement ses questions : quel était au juste le kalyme demandé?

— Cent roubles (2), fit Ghynda avec dignité.

---

(1) Avant leur conquête par les Russes, les Vogoules étaient gouvernés par des chefs de leur race. Le prince Ablegaran est connu par la résistance qu'il opposa aux conquérants.

(2) Le rouble est une monnaie d'une valeur nominale de 4 francs, et réelle de 2 fr. 50 environ. Un rouble vaut 100 kopeks.

Les bras en tombèrent à Kouksa. C'était un kalyme inouï. Il offrit en hésitant cinquante roubles. Ghynda fronça les sourcils et fit un signe de tête négatif. Kouksa se mit alors à le supplier de diminuer le prix. Le marchandage dura assez longtemps. Finalement on tomba d'accord sur soixante-quinze roubles, et cela, grâce au tact de Kouksa, qui jurait qu'une fiancée comme Lagor était hors de prix, que le kalyme qu'elle méritait était non de cent, mais de mille roubles, et que Laatcha les aurait volontiers donnés pour elle, s'il les avait eus. Ghynda se sentit flatté, sa physionomie renfrognée se dérida et il consentit au prix de soixante-quinze roubles en exigeant toutefois que cet argent serait payé non en peaux, mais en monnaie.

Kouksa accepta, quoique l'accomplissement de cette dernière condition dût présenter de grandes difficultés.

Ayant ainsi conclu l'affaire, Ghynda ouvrit la porte de la iourta et appela d'une voix forte sa femme qui, accompagnée de sa fille, était allée dans la petite iourta, où elle s'était mise en devoir de préparer, dans le poêle russe, un repas copieux afin de régaler Kouksa d'une façon magnifique. Ghynda annonça solennellement à sa femme la résolution qu'il avait prise et lui commanda de se préparer pour le mariage, parce que lui et Kouksa ne voulaient pas le remettre à une date trop éloignée.

Elle écouta d'un air en apparence indifférent et respectueux et salua profondément son mari et

le visiteur ; mais, au fond. elle était très contente,
car elle savait que Lagor aimait Laatcha. La
jeune fille ne parut pas, le festin eut lieu sans
elle. On but beaucoup de *braga* (boisson d'orge et
de millet) et d'eau-de-vie. Le maître de la maison
et son hôte se régalèrent si bien que, s'étant couchés à la tombée de la nuit pour se reposer un peu,
ils dormirent ainsi jusqu'au lendemain matin.

Tchidar se sentit très heureuse lorsque Kouksa,
de retour chez lui, lui raconta le plein succès de
sa demande en mariage. Une seule pensée les
inquiétait encore tous deux : comment faire pour
réunir soixante-quinze roubles? Kouksa savait
que le scribe du bailliage russe lui achèterait
volontiers toutes les fourrures dont Laatcha avait
fait provision, mais en les échangeant contre de
l'indienne, de la toile, des fichus, du pain et du
sel ; quant à l'argent, il ne le donnerait qu'à
regret et en évaluant à un chiffre dérisoire les
peaux si précieuses. Pourtant Kouksa résolut de
tenter la fortune. Tchidar plaça les marchandises,
des provisions et une tente dans un long traîneau
pareil à celui dans lequel était parti Laatcha, et
équipa son mari pour le voyage.

A 200 verstes vers le sud-ouest de la iourta de
Kouksa, se trouvait le village russe de Bolotova.
Les paysans de ce village faisaient un commerce
d'échange avec les Vogoules, surtout le scribe
Ivan Spiridonytch. Il achetait les peaux en masse
et les envoyait à la foire d'Irbit. Le quatrième jour
après son départ de la maison, le matin, Kouksa

arriva auprès de Bolotova. Il ne se rendit pas directement avec ses marchandises dans le village, mais s'arrêta à deux verstes à peu près de là, dans la forêt. Là, il dressa sa tente, y mit toutes les pelleteries et ne prit avec lui que quelques fourrures à titre d'échantillon. Une fois tout près du village, sur la lisière de la forêt, Kouksa se mit à examiner avec prudence, à travers les arbres, s'il n'y avait pas quelque mouvement insolite dans le village, et à écouter si on n'entendait pas quelque tintement de sonnailles. Il avait peur de tomber sur quelque fonctionnaire, et pour cause ; il n'avait jamais payé d'impôt et, pour cela, s'était toute sa vie caché avec sa famille dans la forêt, de sorte que les fonctionnaires ignoraient même son existence. Ainsi agissaient le père et l'aïeul de Kouksa et bien d'autres Vogoules. Mais ils ne craignaient pas les paysans russes ; ceux-ci ne les dénonçaient pas et entretenaient avec eux des relations secrètes.

Lorsque Kouksa se fut convaincu qu'il n'y avait rien d'anormal, il sortit de son embuscade et se dirigea vers l'izba du scribe. Après avoir frappé à la fenêtre, il attendit. Ayant compris le signal convenu, Ivan Spiridonytch sortit à la hâte dans la rue ; il mettait sa pelisse tout en marchant. Il était content de la venue de ce visiteur, il savait que des peaux qu'il achèterait, il tirerait dix fois, sinon vingt fois plus qu'il ne les aurait payées lui-même. Sans prononcer une parole, Kouksa revint sur ses pas et se dirigea rapidement vers la lisière de la forêt, en compagnie du scribe. Tout en marchant, il regardait derrière lui en souriant à son vieil ami, comme pour l'inviter à le suivre. Lorsqu'ils furent assez loin du village, tous les deux s'arrêtèrent. Le marchandage commença. Kouksa fit voir ses échantillons. et dans un langage moitié russe, moitié vogoule, exprima le désir d'en recevoir le payement en argent. Le scribe fit tout d'abord la grimace, puis il réfléchit que ce serait là encore la source d'un bon profit. Il se sentit ravi, en prenant en main les échantillons de magnifique zibeline argentée et de renard bleu, mais il dissimula son contentement et dit d'un ton indifférent, en mauvais vogoule :

— Si toutes les peaux sont comme celles-ci, on peut les acheter aussi pour de l'argent. Combien en as-tu ?

En réponse, Kouksa, indiquant du doigt une peau quelconque, appliquait ses mains l'une contre l'autre et les élevait autant de fois qu'il en avait de dizaines. Il se trouva qu'il possédait 30 peaux de renard, 50 de zibeline, 65 d'hermine et plus de 400 d'écureuil. Ivan Spiridonytch se mit à calculer, en inventant des prix d'un bon marché fabuleux : vingt kopeks (1) pour un renard, dix pour une zibeline et une hermine, et un rouble pour un cent d'écureuils. D'après ce calcul, la valeur des marchandises, qu'il comptait bien revendre plusieurs centaines de roubles, se trouva

---

(1) Le kopek vaut environ 0 fr. 025 ; c'est la 100ᵉ partie du rouble.

être d'un peu plus de vingt roubles. Mais il lui sembla que c'était encore trop pour un pauvre Vogoule, qui ne se connaissait pas en argent, se nourrissait de n'importe quoi et s'habillait de peaux de bêtes. Dans un mélange bizarre de mots russes et vogoules, il expliqua à Kouksa que toute sa marchandise ne valait même pas dix roubles.

Il était arrivé bien des fois que Kouksa, en échangeant des peaux de bêtes contre de la toile, des indiennes mauvais teint et du pain, n'obtînt pas plus qu'on ne lui offrait aujourd'hui ; bien des fois aussi, après avoir reçu pour une masse de marchandises à peine quelques objets de première nécessité, il s'en était allé satisfait. Mais cette fois il envisagea l'affaire à un autre point de vue ; il lui était indispensable de trouver soixante-quinze roubles, pour les remettre à Ghynda ; de cet argent dépendait le bonheur de son fils et c'est pourquoi, pour la première fois de sa vie, il secoua la tête en signe de refus. Ivan Spiridonytch se mit à insister. Comme Kouksa disait toujours non, l'autre se fâcha et le menaça de le garrotter immédiatement et de le remettre aux autorités russes, quoique, en réalité, il n'eût aucun avantage à faire arrêter Kouksa, puisque cela l'aurait, en premier lieu, brouillé avec les Vogoules, et, en second lieu, privé d'une excellente aubaine. Kouksa crut à la réalité de la menace et se mit à pleurer, mais il refusa néanmoins les dix roubles, en ajoutant que la marchandise n'était pas à lui, mais à son fils, qui avait l'intention de se

marier. Ivan Spiridonytch comprit alors la cause
de l'entêtement de Kouksa et combina vivement
son plan d'action. Il sourit, prit un faux air de
douceur et de bonté, et feignant d'être touché de
la situation de Kouksa, il lui donna une tape sur
l'épaule et lui dit d'une voix câline :

— Tu aurais dû me l'avouer plus tôt, ami. Je
comprends maintenant, pourquoi tu me surfais :
tu as un pressant besoin d'argent. Je puis t'aider;
je te donnerai soixante-quinze roubles, à condition
que tu me vendes ta marchandise actuelle pour
dix roubles et que tu prennes le reste de la somme
à titre d'emprunt. Ton fils et toi vous me payerez
peu à peu en marchandises de même nature et au
même prix. Seulement n'allez pas me tromper,
le ciel vous en préserve !

Kouksa en croyait à peine ses oreilles.

— Pourquoi te tromper ? Les Vogoules ne trom-
pent pas les Russes, fit-il d'une voix émue. Tu
sais toi-même que beaucoup de Vogoules font du
commerce à crédit et payent toujours loyalement.

— Je sais que vous êtes un peuple honnête,
que vous tenez ce que vous promettez, fit Ivan
Spiridonytch, autrement je ne t'aurais pas donné
à crédit une si forte somme.

Kouksa prit un bâton et y grava autant d'entailles qu'il devait payer de roubles. Puis il fendit
le bâton en deux, en donna une moitié à Ivan
Spiridonytch et garda l'autre pour lui. Cela tenait
lieu de reçu. A chaque payement, Kouksa pren-
drait sa moitié de bâton, l'appliquerait pour la
comparaison, contre celle du scribe, et effacerait

sur les deux autant d'entailles qu'il aurait payé de roubles. Après quoi, Kouksa prit aussi à crédit un baril d'eau-de-vie chez le cabaretier, auquel il délivra un reçu semblable.

Une heure plus tard, Kouksa repartait pour sa maison, après avoir soigneusement serré les 75 roubles. Il était heureux, remerciant les dieux et le bon Ivan Spiridonytch. Le pauvre Vogoule ne se rendait pas compte que le scribe avait non seulement pris ses marchandises presque pour rien, mais s'était aussi assuré le produit du travail de son fils pour plusieurs années d'avance.

Une semaine s'écoula. Kouksa, après les deux longues marches qu'il avait faites, se reposait, couché sur le banc, Tchidar mettait en ordre la iourta voisine — la future demeure de La atcha elle avait lavé très proprement le plancher et les bancs et tapissé les murs de peaux de renne. Dans un coin, sur des billots recouverts de fourrures de zibelines, elle avait placé deux dieux en bois, dieux domestiques, revêtus des malitzas rouges en andrinople, coiffés de peaux de zibelines. A la place des yeux, ils avaient de petites monnaies d'argent ; dans la bouche, ils tenaient chacun une monnaie en cuivre. Derrière eux, Tchidar plaça contre le mur une lance et un épieu et, au-dessus de leurs têtes, elle accrocha un arc et quelques flèches. Sur tout cela elle tendit un rideau d'indienne bigarré, garnit les bancs de fourrures de toutes sortes et prépara un lit avec plusieurs peaux d'ours posées les unes sur les autres.

Durant cette semaine, Satyga avait plus d'une fois pressé son père de l'emmener avec lui à la chasse. Dans l'imagination du garçonnet, qu'il veillât ou qu'il dormît, passait et repassait ce tableau : un ours sortait de sa tanière, marchait contre l'épieu, en cassait la traverse, et lui, Satyga, lui lançait une balle qui l'étendait raide mort. La forêt l'attirait invinciblement, cette forêt, où, à deux verstes de leur iourta, sous le tronc d'un arbre abattu par l'orage, s'ouvrait la tanière d'un ours.

Une fois, sans en rien dire à qui que ce fût, il attacha ses raquettes aux pieds et s'enfuit de ce côté. C'était un endroit couvert de pins hauts et touffus ; devant la tanière même se trouvaient deux arbres ployés, dont les cimes s'étaient prises dans les branches d'autres arbres ; à côté sortaient les racines d'un pin tombé. Sous ces racines s'était formée une fosse profonde, recouverte maintenant d'un amas de neige. Satyga, le cœur palpitant, s'arrêta devant cet amas. Ses yeux découvrirent dans la neige une petite fente, en forme d'entonnoir, d'où s'échappait un mince colonnette de vapeur. Satyga demeura comme cloué sur place : dans son esprit cette idée venait de surgir, prompte comme l'éclair, qu'il n'y avait qu'à plonger dans cette fente une branche longue, dont l'extrémité frôlerait l'ours, pour que celui-ci entrât en colère, s'élançât de sa tanière et marchât droit sur l'épieu. Cette idée ravit le garçonnet ; il en conçut un regret encore plus vif de voir la chasse remise, et s'en revint tristement à la maison. Lorsqu'il eut ouvert la porte de la iourta, il trouva toute la famille dans une grande animation, à cause du retour de Laatcha, muni d'un riche butin. Satyga poussa un cri de joie et s'élança vers son frère, pour lequel il nourrissait une affection tendre et profonde. On résolut de laisser prendre d'abord quelque repos à Laatcha, puis d'aller chercher Lagor.

En attendant, dans la iourta de Ghynda, se poursuivaient les apprêts pour la solennité du mariage. Ghynda avait destiné en dot à sa fille une partie de ses troupeaux de rennes, et sa femme, aidée de quelques voisines, préparait pour la mariée plusieurs vêtements de fourrures précieuses et d'étoffes de prix ainsi que du linge de fine toile russe. On apprêtait aussi un festin magnifique. Les convives devaient venir en grand nombre.

Ghynda avait invité toutes les familles vogoules du village auquel il appartenait. Lagor se sentait bien triste à l'idée de quitter bientôt son nid natal, de se séparer de son père, de sa mère et de ses amis, mais en même temps elle était heureuse de passer sa vie avec l'homme qui lui plaisait et que tout le monde considérait comme un brave et honnête Vogoule. Elle savait que beaucoup de ses amies s'étaient mariées, sans avoir vu une seule fois leur fiancé avant le jour du mariage.

Un matin, comme Lagor se trouvait dans la petite iourta, aidant sa mère dans les soins du ménage, Ghynda rencontra sur le seuil de son habitation des hôtes agréables, — Laatcha et son

père. En arrivant, Kouksa remit à Ghynda e xa-
lyme, et Laatcha fit son entrée dans la iourta en
qualité de fiancé de Lagor. Tout heureux, rayon-
nant dans son costume bleu des jours de fête,
Laatcha s'assit auprès du feu et se mit à regarder
avec impatience la porte, par où devait entrer sa
fiancée. Cette porte criait et s'ouvrait sans cesse ;
l'air froid de la rue, s'engouffrant dans la iourta,
soulevait des tourbillons de vapeur ; les convives
arrivaient les uns après les autres. Vêtus de leurs
plus beaux habits, ils s'asseyaient, graves et silencieux, qui sur les bancs, qui près de la cheminée, sur des billots, qui s'accroupissait tout simplement sur le plancher. Ghynda avait servi une
montagne entière de tabac à priser et à fumer.
Les convives fumaient, prisaient et chiquaient en
silence.

Lorsque tout le monde se trouva réuni, la porte
de la iourta cria pour la dernière fois, et sur le
seuil apparurent Lopta et Lagor. Le vêtement
rouge de la jeune fille, brodé de perles et garni de
fourrures, était d'une très grande beauté. Ses
naites noires, entrelacées de rubans de couleurs
voyantes, lui descendaient jusqu'aux genoux ; son
visage était recouvert d'un voile de mousseline
blanche.

Ghynda s'approcha immédiatement de sa fille
et la prit par la main ; Kouksa et Laatcha se levèrent également, mais restèrent près de la cheminée. Les convives regardaient avec curiosité tantôt Lagor, tantôt Laatcha, et trouvaient que les
jeunes gens étaient dignes l'un de l'autre. Ghynda

amena sa fille auprès de Kouksa, les vieillards se touchèrent dans la main; et Lagor fut remise à Laatcha. Dès ce moment, ils étaient considérés comme mari et femme. Suivirent les félicitations ordinaires. Toutes les physionomies exprimaient la joie. Sur la demande de Laatcha, Lagor ôta son voile pour ne plus le remettre.

Enfin Lopta commença à mettre le couvert sur les billots qui avaient servi d'escabeaux; elle posa des planches qui tenaient toute la longueur de la iourta et qu'elle recouvrit avec des morceaux de toile; puis, avec l'aide de ses voisines, elle plaça sur ce semblant de table toute sorte de mets et de boissons. Il y avait là, à l'état cru, cuit et rôti différentes viandes, du poisson et du gibier; il y avait aussi beaucoup d'eau-de-vie, de bière et de braga. Les convives s'étaient accroupis des deux côtés des planches et tâchaient de manger et de boire le plus qu'ils pouvaient. Les Vogoules avaient rarement assisté à un festin aussi plantureux.

La noce de Lagor et de Laatcha dura trois jours, puis les jeunes mariés, accompagnés de leurs parents, se mirent en route pour la iourta de Laatcha, afin de continuer la fête dans la demeure des mariés. A cet effet se tenaient tout prêts, sur le fleuve glacé, deux traîneaux attelés de rennes. Le riche éleveur ne voyageait pas autrement.

Dans la iourta de Laatcha, Tchidar avait, pendant ce temps, arrangé tout à souhait pour la réception des convives; elle aussi avait préparé

Les vieillards se touchèrent dans la main et l'Agor fut remise à Laatcha.

un festin magnifique. Satyga fut chargé par sa mère d'aller dans les iourtas voisines et d'inviter les bons amis à la noce. En allant et en revenant, Satyga ne put s'empêcher de passer devant la tanière mystérieuse, et il resta longtemps à contempler la colonnette de vapeur, qui s'échappait de l'ouverture. Il avait grande envie d'irriter, de faire lever l'ours, mais il se retint, n'ayant pas d'épieu sur lui.

Parmi les premiers convives accourus à l'invitation de Satyga, se trouvait une ancienne amie de Tchidar, qui avait amené avec elle son fils, Assyka, âgé de quatorze ans. Satyga et Assyka étaient grands amis, quoiqu'ils se vissent assez rarement. Après une longue séparation, ils ne manquaient jamais de se communiquer tout ce qui leur était arrivé dans l'intervalle. Cette fois l'objet du récit de Satyga était la tanière et son impatience d'aller à la chasse à l'ours.

Il se laissa entraîner par son imagination, et, sans savoir comment, inventa toute une histoire sur un Vogoule de douze ans qui, doué par les dieux d'un courage extraordinaire, alla chasser l'ours et le tua. Tandis qu'il parlait ainsi, sa figure se colorait d'une vive rougeur, ses yeux étincelaient d'audace. Il se pencha vers son camarade et murmura :

— Moi aussi, je ne crains pas l'ours ; je ne suis pas allé encore le chasser, mais j'irai. Allons ensemble ! Veux-tu ?

Les deux garçons, sans être aperçus de personne, sortirent aussitôt de la iourta. Satyga s'était armé d'un épieu, il donna à son camarade un fusil et tous les deux, après avoir fixé les raquettes à leurs pieds, ils s'élancèrent tout droit vers la tanière. Ils aperçurent enfin l'ouverture et la colonnette de vapeur. Satyga s'arrêta essoufflé par sa course rapide et par sa charge inaccoutumée. L'épieu était trop lourd pour lui ; toutefois, il ne voulut pas perdre de temps. Après avoir enfoncé profondément dans la neige le manche de l'épieu et l'avoir assujetti à un tronc d'arbre brisé par l'orage, il chargea Assyka de le tenir jusqu'à ce que lui-même eût fait lever l'ours, mais de garder en même temps son fusil prêt.

Voilà Satyga tout près de la tanière d'où s'élevait toujours une mince buée. Il se pencha sur l'ouverture et se mit à écouter. Tout était calme dans l'intérieur. Le cœur de Satyga palpitait violemment. Il cassa une longue branche, et il avait à peine eu le temps de la passer dans l'ouverture, qu'il sentit que l'ours en avait saisi l'extrémité, qu'il l'attirait à lui et l'entraînait dans la tanière. Satyga chancela et faillit tomber.

Un grondement sourd retentit ; le monceau de neige se remua et se souleva. D'abord apparut une énorme tête velue aux yeux injectés de sang ; puis, tout à coup, l'animal, furieux, bondit sur la surface et se leva sur ses pattes de derrière. Satyga resta pétrifié : il ne s'attendait pas à une attaque aussi brusque ; dans ses yeux grands ouverts se peignit la terreur. L'ours leva sa patte de devant, en donna un coup sur la tête de l'enfant et lui enleva le crâne ; Satyga, inondé de sang, tomba sans

pousser un cri ; la mort avait été instantanée.
Assyka, qui se tenait à quelques pas seulement
du lieu de la catastrophe, poussa un cri perçant,

L'ours leva sa patte de devant, en donna un coup sur la tête de l'enfant...

il fit feu sur le terrible ennemi, puis, abandonnant
le fusil et l'épieu, se précipita vers les iourtas. La
balle avait atteint l'animal à la patte ; il poussa
un grondement féroce et se jeta à la poursuite
d'Assyka. Mais le garçon léger et rapide volait,

pour ainsi dire, sur ses raquettes ; la peur lui donnant des ailes, tandis que l'ours s'embourbait dans la neige et restait loin en arrière.

On vit enfin apparaître les iourtas, une foule se pressait autour de la demeure de Laatcha. C'étaient les jeunes mariés qui arrivaient. Tchidar et ses hôtes sortirent à leur rencontre. Assyka courut vers la foule et par son triste récit changea en deuil la gaieté générale...

Le festin de noces fit place au repas des funérailles. L'ours, qui s'était approché tout près des iourtas, fut tué. On mit le pauvre Satyga dans un cercueil fabriqué à la hâte et on l'enterra à la même place où il était mort. Dans sa tombe on plaça un épieu, un fusil, un arc avec des flèches, des raquettes, une hache, un couteau, une lance, un chaudron et un habit de fête: car, selon les idées vogoules, l'enfant aurait besoin de tout cela dans l'autre monde ; il y chasserait, se procurerait sa nourriture et célébrerait les fêtes du sacrifice au printemps et en été.

Sur la tombe, on brûla l'ours tué, comme une victime expiatoire en l'honneur de l'âme du pauvre garçon. Toute la famille pleurait Satyga et se lamentait de sa mort ; son père et sa mère, en sanglotant, se frappaient la poitrine et s'arrachaient des mèches de cheveux qu'on enfouissait aussi, comme un sacrifice offert aux mânes de Satyga, dans la neige qui recouvrait la tombe.

Puis tout le monde revint dans la iourta pour le banquet des funérailles. Mais, avant de se mettre à table, Tchidar prit le meilleur morceau de viande, le porta dans la forêt à une petite distance de la iourta, le jeta par terre, puis versa dessus un broc de braga, fit un salut dans la direction de l'Occident en l'honneur du mort, et revint dans la iourta. Pendant ce temps, Laatcha, après avoir mis dans un chaudron des charbons ardents et de la bruyère, fit le tour des deux iourtas afin de les préserver par ces fumigations contre toute espèce de revenants. Kouksa, à son tour, sculpta dans le bois une image à forme humaine que Tchidar revêtit des vêtements de Satyga et plaça à table.

Alors seulement commença le festin pendant lequel on mettait devant l'idole en bois de l'eau-de-vie et de la braga, ainsi que des morceaux de poisson, de gibier et de viande. Tous les assistants étaient tristes, tous ils regrettaient Satyga. On parla beaucoup de lui, en rappelant ses bonnes qualités. Mais le plus affligé était le prêtre Tchak-cha, qui se trouvait aussi au nombre des convives : il avait perdu en lui son successeur et il songeait avec douleur que, dans les familles des iourtas voisines, il ne se trouvait pas un seul enfant de sexe masculin ou féminin qui fût prédestiné par les dieux.

Un mois et demi s'était déjà écoulé depuis le mariage de Lagor. Peu à peu, on avait cessé de pleurer sur la perte de Satyga, et les habitants des deux iourtas s'étaient remis à leurs occupations habituelles. Lagor sut gagner l'amour sincère et profond de Kouksa et de Tchidar; Laatcha l'adorait, et la petite Tchidar s'était à tel point

attachée à sa nouvelle sœur, qu'elle était inconso-
lable, lorsque Lagor suivait son mari à la chasse.
Grâce à l'amour du travail qui distinguait Laatcha, grâce à l'ordre et aux soins de Lagor, leur
habitation était comme une coupe pleine et se
faisait remarquer par son aspect accueillant. La
douceur des jeunes maîtres de la maison et leurs
façons hospitalières attiraient les visiteurs. Tout
chasseur fatigué et affamé, en quête de butin,
en passant auprès de la iourta de Laatcha, entrait
hardiment pour se chauffer, se reposer et apaiser
ss faim, sachant bien que Lagor et lui partage-
raient avec leur hôte leur dernière bouchée.

Ghynda et Lopta venaient souvent voir leur fille
et se réjouissaient profondément de son bonheur. Grâce à Ghynda qui aidait largement le
jeune couple, la dette contractée envers Ivan Spiridonytch fut payée cet hiver même.

La vie était douce dans la iourta de Laatcha; les
maîtres y passaient de bonnes soirées, surtout
lorsque toute la famille se trouvait réunie et que,
devant la cheminée où flambait un grand feu, se
trouvaient assis, aux côtés des jeunes mariés,
Ghynda, Lopta, Kouksa, Tchidar et la petite sœur
de Laatcha. Et tandis que dans la forêt il gelait à
pierre fendre, que le vent passait en hurlant à
travers les arbres, — dans la iourta il faisait chaud
et bon, on causait avec animation, et les traits
des assistants exprimaient le bonheur et la
joie.

TABLE DES MATIÈRES

LA RUSSIE INCONNUE

DANS LES FORÊTS

—

ÉZÉ

CHAPITRE I

LA CHASSE ET LA PÊCHE

UNE PÊCHE NOCTURNE. — A L'OURS ! — LE SERMENT
D'UN CHASSEUR.

La lune s'est élevée haut dans le ciel, au-dessus
des rivages de la Lozva (1) en éclairant plusieurs
iourtas ostiakes. Elle se réfléchit dans l'eau en une
gerbe de feu qui allume sur tout le fleuve de petits
flots dorés. Les iourtas ostiakes longent le rivage
et se reflètent en taches sombres dans l'eau ; derrière elles, apparaît, obscure, une forêt de pins.
Aux alentours, tout est calme ; quelque part au

---

(1) La Lozva coule dans la partie est du gouv. de Perm et la
partie ouest du gouv. de Tobolsk.

loin, résonne le cri d'un râle ; l'air est frais, le ciel, pur et bleu, est parsemé d'étoiles. Mais voilà que, dans une des iourtas, la porte a claqué ; des silhouettes indistinctes apparaissent sur le seuil, des voix se font entendre.

C'était la famille d'un pêcheur ostiak qui se rendait à son travail : elle était composée du père, Syre (1), de la mère, Niantynia (2), et de deux filles : l'aînée, âgée de seize ans, qu'on appelait Nieniaï (3) (argent, métal), et la cadette, de dix ans, qui portait le nom d'Ezé (argent, monnaie). Tous les quatre s'approchèrent du rivage, et Nieniaï détacha un de ces petits canots terminés en pointe, que les Russes ont surnommés *douchégoubkas* (4) ; à l'avant du canot, sur une feuille de métal, elle fixa un faisceau de copeaux de pins, puis elle battit le briquet et alluma les copeaux. Nieniaï et Ezé montèrent dans le canot, Nieniaï prit un harpon, Ezé la rame.

Pendant ce temps, le père avait préparé un autre canot, dans lequel il prit place avec la mère et s'arma du harpon, tandis qu'elle prenait la rame. Les deux canots se mirent à voguer lentement, l'un en amont, l'autre en aval du fleuve. Les feux allumés sur les canots semblaient de loin deux étoiles flottant sur l'eau. Les Russes appellent les canots des pêcheurs ostiaks des douchégoubkas, parce qu'au moindre mouvement

---

(1) Ce nom signifie *blanc.*
(2) Niantynia veut dire *Océan Glacial.*
(3) Les Ostiaks, comme les Samoyèdes, donnent à leurs enfants les noms des premiers objets qu'ils rencontrent.
(4) Littéralement : celle qui fait périr les âmes.

imprudent, ils se renversent sens dessus dessous, et ceux qui s'y trouvent tombent à l'eau. Des accidents de ce genre arrivent très souvent aux Russes, mais les Ostiaks conduisent à merveille leurs douchégoubkas, habitués qu'ils sont dès l'enfance à conserver leur équilibre.

Nieniaï était assise à l'avant du canot et regardait attentivement l'eau. Le feu éclairait d'une lumière vive le fond pierreux de la rivière, et la jeune fille cherchait du regard si quelque poisson ne s'était pas glissé entre les pierres pour dormir. Ezé se tenait à genoux au milieu du canot et ramait tout doucement à l'aide d'une seule rame, qu'elle immergeait à tour de rôle, tantôt à droite, tantôt à gauche. Son corps demeurait immobile ; seuls, ses épaules et ses bras remuaient lentement en ramant. Comme sa sœur, elle suivait du regard la tache lumineuse qui tremblait au fond du fleuve, en éclairant chaque caillou, chaque plante.

Soudain, Ezé aperçut dans la cavité d'une pierre un poisson endormi. Au même moment, Nieniaï donna un coup de harpon ; on entendit le choc du fer contre la pierre, l'eau s'agita et lorsque Nieniaï retira le harpon, un poisson argenté se tortillait à son extrémité. On le jeta au fond du canot, et les deux fillettes cherchèrent une nouvelle proie.

La petite figure d'Ezé était soucieuse et grave, comme celle de sa sœur aînée. A notre point de vue, Ezé n'était point jolie, mais chez les Ostiaks elle passait presque pour une beauté. Elle avait

une figure ronde, aux pommettes saillantes, des
yeux gris assez étroits, aux coins relevés vers les
tempes ; un nez un peu aplati, une bouche
grande, aux lèvres pleines ; des dents grandes
aussi, mais très belles et régulières, des cheveux
châtains ondulés. Avec cela, la physionomie de la

Lorsque Nieniaï retira le harpon, un poisson argenté se tortillait
à son extrémité.

fillette s'éclairait souvent d'un gai et bon sourire,
et ses yeux pétillaient d'intelligence ; c'est ce qui
donnait du charme à Ezé.

Chez sa sœur aînée les pommettes étaient
encore plus accusées, l'obliquité de la fente des
yeux encore plus sensible ; ces mêmes particula-
rités étaient marquées encore plus nettement chez

leurs parents. Leurs voisins offraient les mêmes traits. En un mot, Ezé représentait le vrai type ostiak. Elle souriait chaque fois que sa sœur retirait un poisson, et se demandait en même temps combien en avait pris son père, dont le canot apparaissait confusément au loin. Elle le savait, Ezé, ce que valait une bonne pêche. Grâce à une bonne pêche on pouvait manger tout son soûl et payer l'*iassak* (l'impôt). Dès sa plus tendre enfance, dès l'âge où la fillette commença à discerner les choses, elle avait eu souvent à souffrir de la faim. Elle avait gardé le souvenir de certaines époques où l'on ne se nourrissait, pendant plusieurs jours, que d'une bouillie faite avec de la farine de seigle et des os de poissons pilés, délayés dans l'eau bouillante; et l'on n'avait même pas toujours cela. Il n'y a donc rien d'étonnant à ce que le succès de la pêche l'intéressât à ce point.

Les sœurs travaillèrent jusqu'à ce que la provision de copeaux se fût épuisée et que le ciel bleu eût commencé à blanchir. Cette fois la pêche avait été bonne. Les deux canots abordèrent en même temps. Tout le monde était content. Ezé ressentait une grande fatigue et des douleurs aux jambes. Elle descendit péniblement du canot; néanmoins elle aida sa sœur, en se tenant dans l'eau jusqu'aux genoux, à tirer la douchégoubka sur le rivage, enleva avec elle le poisson et alors seulement s'achemina vers la maison, derrière les autres.

Personne ne fit attention à la lassitude d'Ezé, parce que tous ils étaient rendus et avaient grandement faim ; mais ils ne songèrent même pas à cuire un souper : il aurait fallu trop longtemps l'attendre. Chacun prit pour sa part un poisson cru. Ezé racla le sien avec un couteau, mâcha ces sortes de rognures et s'assoupit sur le banc, où une peau de renne lui tenait lieu de literie.

D'abord la fillette se voyait, jusque dans un songe, pêchant avec sa sœur ; les poissons argentés tombaient l'un après l'autre dans son canot, elle rêvait qu'elle ramait doucement, avec circonspection et que ses jambes et ses bras lui faisaient mal. Puis, peu à peu, et les rêves et la douleur disparurent. La fillette tomba dans un profond sommeil. On ne sait combien elle aurait dormi ainsi, si on ne l'avait éveillée pour le déjeuner. Sa mère avait préparé une soupe au poisson frais, non écaillé, qu'elle avait liée avec de la farine de seigle. Ezé se leva prestement, comme si de rien n'était, gaie et vive. Le soleil était déjà haut ; la rivière attirait la jeune fille. Elle prit rapidement un bain, mangea et se trouva de nouveau prête à travailler.

Cette fois, la famille prit les filets, et on se rendit à quelques verstes (1) plus bas que les iourtas. La journée était sereine et calme ; de temps en temps seulement, une brise légère ridait l'eau et faisait bruire les rameaux des arbres. Les iourtas disparurent, au premier tournant, derrière un petit promontoire, et devant les regards s'étendit une contrée inhabitée. Le fleuve, en serpentant,

____

(1) Une verste vaut 1.067 mètres.

coupait une forêt épaisse. Tout autour, on ne voyait que l'eau, le ciel et les arbres. Ce tableau monotone se déroulait pendant cinq verstes à peu près, puis on commença à voir par là des voisins venus, eux aussi, à la pêche. Les uns jetaient les filets, les autres les tiraient déjà avec le butin. Ezé suivait leur besogne d'un œil curieux, et bavardait gaîment avec les fillettes de son âge qu'elle rencontrait. Sa figure hâlée était animée ; ses cheveux bouclés se dressaient en forme de bonnet sur sa tête ; des frisons restaient collés à son front humide ; son cou mince et ses bras maigres étaient, comme son visage, brunis par le hâle. Ezé avait chaud, quoiqu'elle ne portât qu'une chemise en toile d'ortie, serrée à la taille par une ceinture en cuir de renne.

En suivant avec son canot celui de son père, Ezé côtoyait le rivage et ramait adroitement et avec précaution, lorsque, tout à coup, un caneton fraîchement tué frappa en pleine figure sa sœur et tomba au fond de l'embarcation. Nieniaï se retourna brusquement pour voir le chasseur qui lui avait joué ce tour, et faillit renverser le canot. Un rire se fit entendre du rivage. Ezé aperçut la première dans les buissons un gars de forte carrure, à cheveux longs, tressés en nattes, comme chez tous les Ostiaks. C'était le chasseur Iabeï (eau-de-vie). Il riait de bon cœur, et ce rire épanouissait encore sa face large, à grosses pommettes, agrandissait encore sa grande bouche ; son nez épaté se dilatait, et ses yeux étroits et obliques n'étaient plus que des fentes imperceptibles.

Nieniaï jeta un regard sur lui, se détourna et enfonça son mouchoir de tête jusque sur son nez. Ezé envoya au garçon un gai sourire. Elle l'aimait, parce qu'il était bon. Pendant cet été, il était venu jusqu'à trois fois dans leur iourta et chaque fois il avait apporté en cadeau soit des œufs, soit des canetons. Son père et sa mère faisaient aussi bon accueil au jeune homme. Il paraissait seulement étrange à Ezé que sa sœur Nieniaï évitât Iabeï et, chaque fois qu'il venait les voir, s'en allât chez des voisins. Cependant leur canot dépassa la colline où se tenait Iabeï, et le jeune homme disparut bientôt complètement aux regards.

La famille avançait lentement. Les deux canots tantôt se devançaient l'un l'autre, tantôt marchaient côte à côte. Un spectateur étranger eût trouvé ce tableau ravissant : la rivière unie qui, reflétant la voûte céleste, apparaissait toute bleue ; les rives boisées, tantôt plates, tantôt ondulées en collines, les groupes d'Ostiaks disséminés çà et là, pêchant à la ligne ou jetant leurs filets.

Mais ceux-ci n'ont pas le temps d'admirer les beautés de la nature ; leurs visages hâlés, couverts de sueur, portent un cachet de gravité concentrée ; leurs vêtements grossiers de paysans sont tout usés, leur linge est loin d'être de première fraîcheur. Toute leur attention est absorbée par le souci de la pêche.

A un endroit de la rivière où l'on ne voyait pas de pêcheurs et où les voix humaines ne se faisaient plus entendre, Syre jeta le filet, et ses deux filles se mirent à pêcher à la ligne. Le travail incessant est pénible en plein soleil, lorsque des nuées de cousins et de taons vous assaillent de telle sorte que la figure, le cou et les mains se couvrent de cloques. Ezé se frottait fréquemment le visage avec les mains, jusqu'à le faire saigner par places. La pêche était assez bonne ce jour-là. Le plus souvent on prenait le *moksoune*, poisson dont la chair est blanche et tendre. Le moksoune a le dos voûté, la mâchoire supérieure s'avance sur l'inférieure; sa longueur atteint à peu près 50 centimètres.

A mesure que le père pêchait au filet, et les fillettes à la ligne, le temps marchait insensiblement. Ezé sentait la fatigue la gagner de nouveau, son estomac réclamait de la nourriture, mais elle se raidissait contre sa souffrance, jusqu'à ce que son pauvre petit corps, épuisé par la chaleur, la faim et la démangeaison intolérable des piqûres, fût à bout de forces.

Le soleil déclinait vers l'horizon, lorsque la famille se disposa pour le repos après avoir choisi sur la rive un petit plateau couvert de buissons. Niantynia alluma un feu et suspendit au-dessus un chaudron rempli de poisson. Une fumée épaisse s'éleva du foyer, un vent léger la poussait vers le rivage. Ezé se coucha sur l'herbe, au passage de la fumée, pour se débarrasser des insectes. Etendue sur le dos, les mains repliées derrière la tête, elle commençait à sommeiller, en attendant le repas, quand un frôlement, dans les broussailles, éveilla son attention. Elle se redressa et jeta un regard du côté d'où venait le bruit. Les branches s'écartèrent et entre les buissons apparut la figure souriante de Iabeï. Il dit qu'il était venu attiré par la fumée et s'assit auprès d'Ezé; autour d'eux s'assembla toute la famille. On commença à se régaler mutuellement. On offrit à Iabeï une soupe au poisson frais, tandis que lui sortait des tranches de renne séchées au soleil. Les yeux leur cuisaient à tous, à cause de la fumée, mais personne n'y faisait attention. Un grand nombre d'Ostiaks ont ainsi les yeux rouges et larmoyants, mais il préfèrent quand même l'âcre fumée aux piqûres des insectes.

— Oncle Syre, veux-tu m'accompagner au *lobaze* (1) ? Je compte guetter un ours cette nuit, fit Iabeï, lorsque ses hôtes et lui s'étendirent sur l'herbe après le repas.

— Et combien serons-nous? demanda Syre.

— Toi et moi. Nous partagerons le butin par moitié.

L'oncle Syre devint pensif, ne sachant que résoudre : ou rester au bord du fleuve pour pêcher, où s'en aller dans la forêt pour avoir sa part de l'ours. Enfin, il se décida pour cette dernière alternative. Ezé pria son père de l'emmener avec lui, et celui-ci consentit. On convint qu'après un bon somme, Syre, Iabeï et Ezé se rendraient au coucher du soleil dans la forêt, tandis que Nian-

______

(1) Sorte de piège-embuscade pour prendre l'ours.

Les branches s'écartèrent, et entre les buissons apparut la figure souriante
de Isabel.

tynia et Nieniaï resteraient là jusqu'à leur retour pour prendre le poisson au flambeau; quant au campement choisi pour la pêche, ils résolurent de ne pas le quitter tant que le poisson continuerait à bien mordre.

Le soleil n'était pas encore couché, mais la forêt était déjà tout à fait sombre, lorsque Iabeï conduisit ses compagnons vers le traquenard placé par lui. Ezé marchait vite, sans demeurer en arrière des autres. C'était la première fois qu'il lui arrivait de prendre part à une chasse semblable, et sa curiosité était profondément excitée. Ils n'eurent pas à marcher longtemps. A deux verstes environ du rivage se découvrit un petit plateau où ils débouchèrent. Ezé aperçut au milieu de ce plateau deux arbres dont les troncs bifurquaient en forme d'énormes fourches. Entre ces fourches était posée une poutre et à côté, sur des supports, une autre. Les poutres, liées solidement entre elles, soutenaient un espèce de plancher. C'était là le soi-disant lobaze, long de trois mètres environ et large d'un mètre. Il se trouvait à une hauteur du sol telle qu'un ours de taille moyenne, debout sur ses pattes de derrière, pouvait poser celles de devant sur le bord du lobaze.

Ezé grimpait sur les arbres avec une agilité à rendre jaloux n'importe quel garçon. Elle monta vivement sur le lobaze et se mit à rire en voyant avec quelle peine son père s'y hissait. Lorsque tous les trois se furent assis côte à côte, Iabeï remit à Syre et à Ezé une hache; lui-même examina et chargea son fusil. Devant le lobaze, à une distance de deux toises environ, on jeta un morceau de chair de renne. Puis, on se mit à attendre.

Le soleil était couché tout à fait : les cimes des arbres ne reluisaient plus d'une lumière dorée. Une ombre épaisse s'étendit dans la forêt. Les étoiles commencèrent à briller, une d'abord, puis une autre, une troisième et enfin, peu à peu, le ciel étincela d'astres par millions. La lune surgit, le plateau s'illumina d'une clarté pâle et sur ce fond clair se dessinèrent les ombres fantastiques des arbres. Le coucou fit entendre son cri. Un hibou s'élança d'un arbre sur un autre.

— Où as-tu aperçu l'ours ? demanda Syre à Iabeï.

— Il y a déjà près d'une semaine qu'il rôde dans ces parages, répondit Iabeï. D'abord, il s'est montré tout près de ma iourta ; il a manqué d'égorger mon cheval. C'était la nuit ; dans mon sommeil j'entendis le chien hurler et le cheval, dans le hangar, frapper des sabots contre le mur. Mon hangar n'est pas couvert ; rien de plus facile que de franchir le mur. Alors, j'ai tout de suite compris de quoi il s'agissait. J'ai pris mon fusil, j'ai ouvert la porte de ma iourta et j'ai tiré au hasard, avec du plomb, pour faire partir l'animal. Puis j'ai rechargé mon fusil, cette fois à poudre et j'ai tiré une seconde fois. Après quoi, je suis sorti dans la cour, j'ai ouvert le hangar et prenant le cheval par le licou, je l'ai amené dans la iourta. Le croirais-tu ? Le cheval tremblait comme un homme, il se serrait contre moi ; puis il se précipita à toutes jambes dans la iourta. Je refermai la porte, je me recouchai sur le banc et tout redevint calme.

— Ce fut tout? demanda Syre.

— Comment donc ! Je m'éveillai trois fois cette nuit-là. Une fois je l'entendis même gronder tout près de la porte. Il fallait qu'il eût bien faim, car il a failli s'introduire dans la iourta.

Ezé écouta ce récit avec une grande curiosité et sentit le cœur lui manquer.

— Et tu ne l'as pas vu, oncle Iabeï, cet ours? demanda-t-elle d'une voix tremblante.

— Si, répondit Iabeï. — Le matin, je suis sorti de la iourta, j'ai laissé pâturer mon cheval et qu'ai-je vu? — depuis la porte jusqu'à là forêt, les traces de quatre pattes colossales. Sur le sable on distinguait nettement les ongles qui s'y étaient enfoncés, et l'herbe était toute foulée, comme si la grêle l'avait abattue. Le cheval, ce jour-là, ne s'éloigna pas de la iourta, mais le chien, tout en grondant contre les traces de l'ours, m'accompagna quand même à la chasse. A une demi-versté à peu près de la iourta, j'aperçus les os d'un jeune renne qui gisaient sur l'herbe, encore rouges de sang frais. « Eh bien ! pensai-je, l'ennemi a trouvé sa subsistance et n'est pas méchant en ce moment. » Je poursuis ma route, mais voilà que mon chien se met de nouveau à gronder et ne cesse de flairer l'air. Je m'arrête, ne sachant quoi faire : sortir le couteau ou me saisir du fusil. Comme par un fait exprès, j'avais chargé mon fusil à balle à la maison. Lorsque tout d'un coup j'entends un petit

bruit : tin, tin !... Je suis très surpris... qu'est-ce
que cela pouvait être ? Je fais taire mon chien et je
m'avance à pas de loup. A quelques pas de là,
dans une clairière, j'aperçois un ours énorme debout sur ses pattes de derrière devant un arbre,
dont l'écorce est soulevée. Je regarde ce qu'il va
faire, et le voilà qui saisit avec ses griffes l'extrémité de l'écorce, la tire assez loin, puis la lâche
brusquement ; l'écorce frappe contre l'arbre en
tintant ; l'ours recommence le même manége,
puis incline l'oreille et écoute. J'ai compris que
c'était le même ours qui, la nuit, était venu rôder
autour de la iourta, et j'ai pensé tout de suite qu'il
fallait placer un lobaze ; mais, seul à seul, il me
serait difficile d'en venir à bout ; mon fusil est
médiocre.

Ezé devint rêveuse. La peur la prenait. Elle
replia encore davantage ses jambes sous son
corps, s'appuya contre l'arbre et posa la hache
sur ses genoux. Son père causait à voix basse
avec Iabeï ; Ezé ne les écoutait pas et jetait des
regards craintifs autour d'elle. Cependant la fixité
de son attention finit par fatiguer la fillette. Elle
sent que le sommeil la gagne, et se met à lutter
de toutes ses forces contre l'assoupissement. Elle
jette par exemple un coup d'œil sur l'arbre, et ses
regards, malgré elle, s'arrêtent sur lui. Elle sent
que ses paupières se ferment, elle les ouvre avec
effort ; elle voudrait porter son regard sur un autre
objet, mais cela lui est impossible. Alors elle se
frotte les yeux avec la main. Le père s'en aperçoit
et se met à rire.

— Eh bien! tu as donc envie de dormir, Ezé? demanda-t-il.

— Non, c'est qu'il m'est tombé quelque chose dans l'œil.

— Ah! ah! Seulement, tu aurais tout de même bien fait de ne pas venir ici, dit-il avec bonhomie : autrement, prends garde, tu peux t'assoupir et tomber du lobaze.

Le sommeil de la fillette se dissipa pour un instant. Elle se mit à écouter la conversation de son père avec Iabeï. Iabeï disait :

— Je prendrais bien Nieniaï pour femme, mais je n'ai pas de *kalyme* (1).

— Je n'ai pas non plus de dot à lui donner. Si tu veux, prends-la sans dot, et moi, je me passerai de kalyme.

— Permets-moi de l'enlever furtivement. Cela vaudra mieux; on n'aura pas besoin de faire des cadeaux aux médiateurs.

Syre réfléchit quelque peu et consentit. Le marché fut conclu.

Ezé avait entendu tout cela, quoique son père et le chasseur eussent parlé à voix basse. Elle se dit :

« Aussitôt que je serai de retour à la maison, je vais conter tout cela à Nieniaï; je verrai si elle sera contente on non. »

En ce moment des nuages couvrirent le ciel au-dessus de la clairière, la forêt s'assombrit. Ezé sentit que le sommeil commençait de nouveau à

---

(1) Rançon que le fiancé paye pour sa future.

s'emparer d'elle. Elle cherchait en tâtonnant autour d'elle une place commode pour s'endormir,
quand tout près d'elle, dans les arbres, se fit entendre un bruit produit par le passage de quelque
animal. Elle tressaillit en pensant :

« Si c'était l'ours ! »

Mais le bruit cessa, les nuages se dissipèrent
et la lueur argentée de la lune se répandit de nouveau dans la clairière. Ezé n'avait plus envie de
dormir, elle se mit à attendre l'apparition de
l'ours. Comme par un fait exprès, l'ombre donnait
aux objets des formes si bizarres !

Voilà, par exemple, non loin du lobaze, un objet
dans lequel Ezé croit voir un ours assis; mais
en regardant plus attentivement, elle reconnaît
que c'est tout simplement l'ombre d'une bûche
brûlée. Ailleurs il lui semble de même voir un
ours immobile; mais en le fixant, elle s'aperçoit
que c'est un arbre brisé par la foudre ; ce fauve
velu se trouve être un jeune sapin touffu qui apparaît tout noir sous un dôme de pins gigantesques.
En un mot, l'imagination d'Ezé lui dessine à tout
moment la silhouette du terrible animal qu'elle
attend.

Tout à coup elle s'aperçut que son père poussait
légèrement du coude Iabeï; la fillette se redressa
et jeta un regard effrayé sur le fourré. Son oreille
avait saisi quelque chose comme un tressaillement imperceptible de l'air. Au loin quelque part,
une branche craqua,... puis encore une, une autre
encore. Et de nouveau tout se tut. Ezé jeta un
coup d'œil sur les chasseurs : ils regardaient fixe-

ment du côté par où était venu le bruit. Le silence dura pendant quelques instants, puis de nouveau un bruit se fit entendre, mais déjà plus proche et plus distinct, et tout redevint muet.

Il semblait que celui qui passait par la forêt, s'était arrêté pour se rendre mieux compte du chemin qu'il devait prendre.

— C'est qu'il flaire l'air, murmura Iabeï.

— Le vent souffle du point où nous sommes, notre ennemi aura bien vite reconnu où se trouve la proie, répondit Syre en tâtant sa hache.

La peur glaça le cœur de la fillette. Elle se recula tout au milieu du lobaze, serra ses jambes l'une contre l'autre, replia sous elle les bords de ses vêtements et attendit. Le bruit se fit entendre encore une fois, de plus en plus distinct ; les rameaux se brisaient, les branches craquaient sous un pas lourd. Ezé comprit nettement qu'il marchait tout droit sur eux. Et voilà que le grondement d'un ours retentit... l'ennemi redoutable s'avançait rapidement et sans s'arrêter.

— Entends-tu comme il se remue ? fit Syre. Ezé, ne dors pas : vite, donne-lui un coup de hache sur la patte.

L'ours s'approchait. On entendait le craquement des branches tout près de la clairière, du côté où se trouvait Ezé. Encore quelques secondes, et de derrière les troncs d'arbres apparut l'énorme silhouette bancroche de l'ours. Il poussa un grondement, se leva sur ses pattes de derrière et protégeant ses yeux avec une de ses pattes de devant, s'avança lentement vers le lobaze. Lorsqu'il ne fut plus qu'à trois pas d'Ezé, la fillette se sentit prise d'une terreur telle que, ne sachant plus ce qu'elle faisait, elle saisit sa hache et la lança sur l'animal.

La hache alla tomber entre les pattes de l'ours ; on entendit un craquement, c'était le manche qui se brisait ; ses débris volèrent de tous les côtés.

L'animal irrité poussa un nouveau grondement.

L'animal irrité poussa un nouveau grondement et d'un seul bond, se trouva auprès des chasseurs. Il saisit de ses pattes de devant les bords du lobaze et se mit à le secouer ; mais au même moment Syre éleva la hache, par deux fois il l'abaissa : les pattes de l'animal étaient coupées.

L'ours devint furieux. Il fit un bond de côté, mais, quoique tout ruisselant de sang, revint aussitôt vers le lobaze. Alors Iabeï le coucha en joue et, profitant d'un moment favorable, tira juste dans le cœur de l'animal. L'ours tomba lourdement sur l'herbe, un frisson secoua tout son corps et il demeura sans mouvement. Il avait été tué raide.

Ezé respira profondément. Tous les trois restèrent pendant quelque temps immobiles, en gardant le silence; puis Syre et Iabeï résolurent de dépouiller immédiatement l'animal et d'accrocher sa peau à l'arbre. Après avoir coupé chacun un morceau de viande, ils appuyèrent le corps de l'ours contre l'arbre, sur le tronc duquel Iabeï traça sa marque (1). Après avoir soupé avec de la viande d'ours crue, tous allèrent se rasseoir sur le lobaze. Ezé tomba dans un sommeil profond, tandis que Syre et Iabeï convenaient de dormir à tour de rôle : il fallait bien que l'un des deux fît le guet, car un autre ours pouvait survenir, grimper sur le lobaze et assaillir les dormeurs. Iabeï, à tout hasard, chargea son fusil à balle et posa la hache à son côté. Toutefois, vers l'aube, tout le monde était plongé dans un sommeil de plomb.

Le matin brillait dans tout son éclat, lorsque les chasseurs s'éveillèrent.

Les oiseaux chantaient, un bourdonnement d'insectes remplissait l'air, le soleil versait sur toute la forêt ses joyeux et chauds rayons. La première pensée de Iabeï fut de déjeuner avec la chair de l'ours; Ezé envisageait également cette perspective avec plaisir; mais quel ne fut pas l'étonnement général, quand ils reconnurent que

---

(1) L'honnêteté innée des Ostiaks suffit pour qu'une simple marque protège et garantisse la propriété.

l'ours aussi bien que la peau avaient disparu !
Tous furent surpris, parce que chez les Ostiaks
on n'entend presque jamais parler de vol. Il arrive
très rarement que quelqu'un s'approprie un nid
d'oiseaux marqué par un autre ou retire un poisson du filet d'autrui. Un tel événement paraissait
extraordinaire. On avait d'abord considéré cette
disparition de la peau et du corps de l'ours comme
le châtiment d'une divinité maligne; mais lorsque
Syre et Ezé furent de retour à la maison, Niantynia et Nieniaï firent naître en eux une nouvelle
idée. Voici quels étaient les soupçons exposés par
la mère :

— Nous avons pêché au filet avec Nieniaï jusqu'au soir, disait-elle, et au flambeau la nuit; à
l'aube nous sommes revenues au campement. A
peine avions-nous tiré les canots sur la rive que
nous aperçûmes tout à coup notre voisin Ita avec
une peau d'ours sur l'épaule. Nous n'avons pas
vu le corps de l'animal, Ita l'aura peut-être enfoui
dans la forêt. Nous n'avions jamais entendu dire
qu'Ita allât à la chasse, c'est pourquoi nous fûmes
très étonnées. Nous lui demandâmes : « Ita, d'où
te vient cette peau ? » Il répondit : « Toryme (1) me
l'a envoyée. » — Et il s'en alla rapidement afin
d'éviter les questions.

Syre devint pensif au récit de sa femme.

— Ita n'est pas un homme rangé, dit-il, Ita est
un paresseux. Il ne chasse presque jamais, pêche
très peu, ne paye pas d'impôt, et se nourrit chez

---

(1) Le Jupiter des Ostiaks.

les autres; mais il n'a point la réputation d'un voleur.

— Ce qui n'est pas arrivé avant, peut bien arriver après, répondit Niantynia.

Et elle se tut.

Syre se mit de nouveau à songer, puis il reprit :

— Il faut tout de même interroger Ita, lui faire prêter serment.

Il alla trouver Ita : celui-ci commença par nier, en affirmant qu'il n'avait pas de peau d'ours, que Niantynia s'était trompée en croyant la voir. Alors Syre fit le tour de toutes les iourtas, apprit aux voisins le fait de la disparition, leur exposa ses soupçons, et les pria d'interroger Ita sous la foi du serment. Sur l'avis général, il fut décidé qu'il serait fait droit à sa demande et que l'on procéderait le soir même au cérémonial du serment.

Le soleil n'était pas encore complètement couché, lorsque les Ostiaks se réunirent au bord du fleuve, en entourant Ita, comme un accusé. On alluma un feu, on apporta un broc en écorce de bouleau et un museau d'ours, qui s'était trouvé chez un des assistants. Ita était fort troublé par tous ces préparatifs, mais ne s'opposait à rien, il ne résistait pas, jetant seulement des regards sombres autour de lui. A titre de témoins, on appela Niantynia et Nieniaï. Toute l'attention se concentrait sur Ita. Ezé se glissa en avant et se mit à le regarder avec tant de curiosité, qu'elle en restait bouche bée. Le vent jouait avec ses cheveux frisés et agitait le bas de sa robe, ses pieds nus étaient enfoncés profondément dans le sable. Les rayons colorés du soleil couchant éclairaient le groupe des sauvages soucieux. Lorsque tout fut prêt, Ezé, qui voyait ce cérémonial pour la première fois de sa vie, s'aperçut qu'Ita avait grand'peur. Il avait même pâli. Le plus vieux parmi les Ostiaks se mit à l'interroger.

— Est-il vrai, Ita, que tu as ravi le bien d'autrui ?

Ita devint encore plus pâle et répondit :

— Non.

— Où as-tu donc pris la peau d'ours? demanda le vieillard.

— Je n'ai pas de peau d'ours.

— Niantynia et Nieniaï l'ont vue. Tu leur as dit que c'était Toryme qui te l'avait envoyée.

Ita devint tout à coup très rouge et répondit, mais d'une voix si basse qu'Ezé put à peine l'entendre :

— Elles mentent.

Alors on interrogea la mère et la sœur d'Ezé. Elles répétèrent ce qu'elles avaient déjà raconté à Syre. Le vieillard se tourna encore une fois vers Ita :

— Peux-tu jurer que tu n'es pas coupable de ce vol ? demanda-t-il.

Ita garda le silence pendant quelque temps; il hésitait visiblement. Enfin, il répondit :

— Oui, je le peux.

— Jure-le donc ! fit le vieillard en indiquant le feu.

Ita pâlit de nouveau et demeura longtemps sans bouger de place ; puis timidement, il s'approcha du feu. Ezé le suivait du regard avec une attention extrême. Il prit un charbon ardent, le plaça entre ses dents de devant, le garda ainsi quelques instants et le rejetant dans le feu, dit :

— Feu, si je suis coupable, dévore-moi !

On conduisit Ita auprès du fleuve. Il puisa de l'eau avec le broc, en prit dans sa bouche, la garda quelque peu et la cracha. Tous s'aperçurent que les mains d'Ita tremblaient.

— Fleuve, fit-il encore, si j'ai volé la peau et le corps de l'ours, puissent tes ondes m'engloutir !

Ita paraissait très faible, comme s'il eût relevé d'une grave maladie. Il eut à peine la force de s'approcher du museau de l'ours et il frissonnait comme s'il eût été secoué par la fièvre. Il parut à Ezé plutôt mort que vivant. Il coupa avec un couteau un morceau du nez de l'ours, le garda entre ses dents et le rejetant, répéta :

— Si je suis coupable, puisse le premier ours que je rencontrerai me mettre en pièces !

Mais après avoir prononcé ce dernier serment, Ita, ne sachant plus ce qu'il faisait, tomba à genoux. Sa raison se troubla, ses jambes se dérobèrent sous lui ; l'idée d'avoir prêté un faux serment le tourmentait. Il était convaincu que Toryme et tous les dieux s'étaient maintenant détournés de lui, et qu'il devait nécessairement lui arriver malheur. Il lui faudrait mourir, ou dans les griffes d'un ours, ou dans le feu, ou dans l'eau. Toryme ne permettrait pas qu'il vécût et le châtierait. Ita savait aussi que s'il périssait, les Ostiaks apprendraient ainsi que le serment qu'il avait prêté était faux, et se souviendraient de lui comme d'un voleur, tandis que Taryme refuserait d'accueillir son âme au séjour des bienheureux. L'idée vint aussi à Ita qu'il aurait mieux valu ne pas mentir, mais reconnaître publiquement sa faute et restituer les objets volés. Les Ostiaks lui auraient fait honte et auraient oublié cette affaire ; peut-être l'auraient-ils puni légèrement, mais le plus probable était qu'ils lui auraient pardonné. Les assistants se pressaient autour d'Ita ; ils se doutaient qu'il avait prêté un faux serment et attendaient ce qui allait arriver. Ita les observa d'un coup d'œil, et lut sur leurs visages qu'ils ne le croyaient pas. Ezé se tenait auprès du criminel et le regardait fixement. Elle remarqua que la sueur lui baignait le front et qu'une expression de souffrance apparaissait dans ses yeux. Ita jeta encore un regard sur ses voisins et tout à coup salua jusqu'à terre.

— Je suis coupable, fit-il, en se tenant toujours prosterné la face contre terre, je suis coupable envers les dieux d'avoir prêté un faux serment, coupable envers le feu, l'eau et l'ours, coupable envers Syre et Iabeï. Je restituerai tout de suite la peau de l'ours et j'indiquerai l'endroit où est caché le corps.

Un murmure se fit entendre dans la foule. Les Ostiaks étaient indignés.

Les vieillards se mirent à délibérer sur le châtiment à infliger à Ita. Mais quelles que fussent les peines dont ils s'avisaient, ils les rejetaient immédiatement, les trouvant trop sévères. Ils plaignaient le malheureux, tout voleur qu'il fût. Quelques-uns firent même observer qu'il ne fallait pas le punir du tout, que c'était l'affaire de Toryme, et qu'il était déjà suffisamment châtié par les souffrances qu'il avait endurées. Une discussion s'engagea; plusieurs Ostiaks insistaient sur la nécessité d'une répression, en citant comme exemple les autorités russes, qui punissaient toujours les coupables.

Ita apporta la peau d'ours; il la remit à Syre avec un salut profond et avoua à tous qu'il se sentait maintenant la conscience soulagée. Et les Ostiaks continuaient à discuter. Cependant le soleil se coucha, l'humidité se répandait dans l'air, un brouillard, semblable à une vapeur blanche, se leva du fleuve, le crépuscule tomba. Mais les Ostiaks ne s'apercevaient pas du temps qui s'écoulait. Ils étaient trop absorbés par la question du châtiment.

Enfin, Syre s'avança et émit l'avis suivant :

— Ita s'est acquitté envers la société en avouant son crime; qu'il s'acquitte à présent envers les dieux en leur offrant un sacrifice considérable.

— C'est vrai, aquiesça un des vieillards.

— Syre a raison, déclara un autre.

— Il faut qu'Ita jette le filet trois fois et apporte les trois pêches au prêtre Khaptchanda-Iankou, afin qu'il les offre aux dieux, — décida un troisième.

En un mot, l'un après l'autre, tous les vieillards

adoptèrent l'avis de Syre et la délibération prit
fin. Ita remercia Syre en s'inclinant profondément devant lui et voulut le conduire dans la forêt
pour lui indiquer l'endroit où était enfoui le corps
de l'ours. Mais en ce moment une circonstance
nouvelle attira l'attention générale.

Au loin, résonna un tintement de sonnailles.
Ce son était à peine perceptible ; néanmoins les
Ostiaks restèrent comme cloués à leur place.

Ce bruit de sonnailles indiquait l'arrivée du *sta-
novoi* (1), ou du cabaretier qui apportait l'eau-de-
vie, ou bien du prêtre russe qui, parfois, visitait
leur *paoul* (village). Ces visites étaient fort rares
et constituaient un événement. Selon les idées
des Ostiaks, le stanovoï, le prêtre russe et le
cabaretier étaient également des supérieurs et
avaient sur eux des droits identiques. Ils les res-
pectaient, mais en même temps les craignaient,
et ils considéraient la visite de l'un quelconque
de ces personnages comme un ennui et un malheur. Tous les Ostiaks qui se trouvaient là figu-
raient bien sur le rôle comme orthodoxes; ils accomplissaient, il est vrai, les rites et les cérémonies qui leur étaient prescrites par le prêtre russe,
lorsqu'il arrivait au paoul, mais en réalité ils
étaient idolâtres et professaient la religion des
chamans (2); ils avaient les mêmes dieux que les
Vogoules et exécutaient les mêmes rites. Il va sans
dire que les Ostiaks cachaient cela au prêtre
russe, et lorsqu'il leur demandait s'ils suivaient

____

(1) Fonctionnaire, chef d'un *stane*, subdivision de la commune.
(2) Prêtres et médecins des tribus païennes de la Sibérie.

la religion des chamans, ils juraient que non, ne considérant pas, dans ce cas, le faux serment comme un crime. Ils permettaient au prêtre de de baptiser leurs enfants, de célébrer les mariages, de dire l'office des morts; sur sa demande ils communiaient, se confessaient, assistaient avec curiosité au service divin dans l'église, auquel ils ne comprenaient rien. Mais aussitôt le prêtre parti, ils faisaient venir le chaman, adressaient des prières à leurs dieux, leur demandaient pardon et leur offraient des sacrifices. Ils ne considéraient pas les rites du mariage comme un sacrement et ils le célébraient suivant leurs propres coutumes; ils enterraient de même leurs défunts à leurs guise et ne s'appelaient jamais entre eux, ils n'appelaient jamais leurs enfants par le nom orthodoxe donné lors du baptême; même, ce nom, ils l'oubliaient. Ils craignaient le stanovoï, parce qu'ils n'avaient pas tous payé régulièrement l'impôt, et le cabaretier, parce que son arrivée leur coûtait trop cher.

Les sonnailles tintaient de plus en plus fort. L'un des Ostiaks, qui était le *sotski* (1) du paoul, se précipita dans sa cabane, arbora une plaque de cuivre sur sa poitrine et donna l'ordre à sa femme de préparer la iourta pour la réception des hôtes. Préparer la iourta, c'était en balayer à la hâte le plancher, faire du feu dans la cheminée et s'en aller avec les enfants passer la nuit chez les voisins.

---

(1) Indigène désigné pour faire le service de la police rurale.

Sur ces entrefaites apparurent, à la descente de la colline voisine, trois cosaques à cheval et une *katchalka* (1) dans laquelle se trouvait un fonctionnaire. Le brouillard s'étendait sur la route en forme de nuages, de sorte que les cavaliers paraissaient voler en l'air. La lune surgit de derrière la forêt. Chaque Ostiak courut dans sa iourta et revint en portant un faisceau de copeaux allumés pour recevoir le représentant de l'autorité. Grâce au sol sablonneux et uni de la rive, la katchalka arriva rapidement auprès de la iourta du sotski.

Les trois cosaques chevauchaient, un de chaque côté de la katchalka, le troisième en arrière. Aux selles de leurs montures étaient attachés des sacs en cuir avec les bagages et des couvertures de fourrure pliées en rouleau. Lorsque la voiture s'arrêta à la porte de la iourta, les Ostiaks, le sotski à leur tête, se précipitèrent vers elle, saisirent le fonctionnaire et le portèrent dans leurs bras jusqu'à la iourta.

Le fonctionnaire était fatigué. Un voyage à travers les souches, les ravins, les monticules de sable et les marais aurait pu lasser même un jeune homme, et le fonctionnaire était vieux. Il déclara qu'il parlerait aux Ostiaks le lendemain, donna l'ordre aux cosaques de sortir du sac la bouteille d'eau-de-vie, de faire du thé et de préparer le lit,

---

(1) Katchalka, — du mot russe *katchati*, bercer — est une voiture à deux roues, d'un emploi général dans la Sibérie septentrionale. Elle rappelle un fauteuil; les roues en sont si hautes qu'elle peut assez facilement rouler dans une contrée marécageuse ou dans les clairières obstruées de souches. Le voyageur doit conduire lui-même, faute de place pour le cocher.

La katchalka arriva rapidement auprès de la barri...

qui se composait d'une couverture en fourrure, pliée en deux et couverte d'un drap propre. Dormir sur les peaux de renne qui tiennent lieu de literie chez les Ostiaks était chose impossible, car elles renfermaient une quantité prodigieuse d'insectes. Les Ostiaks étaient accoutumés à ces sortes d'inconvénients, mais un homme fraîchement arrivé n'aurait pu fermer les yeux.

Cette nuit-là, Ita la passa dans une grande inquiétude. Le sotski lui avait appris que la majorité des voisins était décidée à faire part le lendemain au stanovoï du vol commis par lui, Ita. D'abord les Ostiaks craignaient de cacher ce fait à l'autorité, parce que le stanovoï pouvait l'apprendre indirectement, et alors ils auraient à répondre d'en avoir fait mystère; ensuite ils voulaient éclaircir la question de savoir s'il leur fallait punir le vol ou remettre le coupable à la volonté des dieux. Ita ne s'était pas encore complètement remis de la peur éprouvée lors de la prestation du serment, qu'une nouvelle terreur l'avait envahi. Il tremblait devant les autorités avec lesquelles jusqu'alors il n'avait jamais eu de rapports, sauf pour recevoir et conduire le stanovoï, un faisceau de copeaux allumés à la main. Ita ne put dormir. Toute la nuit il ne fit que se tourner et se retourner dans son lit. Le lever du soleil le trouva pâle et amaigri. Il entendait le va-et-vient de la foule dans la rue, les bruyantes conversations des voisins; son cœur se glaçait. Dans l'angle de la iourta, sous un banc, était couchée dans un panier une idole, le dieu domestique et le protecteur d'Ita. L'ayant placée devant lui, sur un billot, Ita lui frotta les lèvres avec de l'huile de poisson et se mit à prier ardemment, tantôt se prosternant devant lui, tantôt se redressant brusquement et levant les mains en haut, tantôt sautant d'un pied sur un autre.

Le nouveau venu, comme un homme affairé, était debout avec les premiers rayons du soleil. Tout d'abord il manda le sotski. Vêtu de haillons, mais sa plaque sur la poitrine, se présenta devant lui un Ostiak entre deux âges à la figure pâle et stupide, au regard craintif. Ses cheveux étaient tressés en deux petites nattes, entrelacées de ficelles, et lui pendaient jusqu'au milieu du dos; ses moustaches et sa barbe étaient très clairsemées, ses yeux rouges larmoyaient. Le cou du sotski était entouré d'un chiffon sale, sa face et ses mains ne témoignaient pas non plus de son amour pour la propreté. Il s'arrêta auprès de la porte et attendit les questions ordinaires du supérieur sur la situation du paoul.

Ces questions ne se firent pas attendre. Le sotski comprenait le russe et n'avait pas besoin d'interprète; au contraire il servait lui-même d'interprète entre les autorités et ses voisins. C'est en effet pour sa connaissance de la langue russe qu'il avait été nommé sotski.

— Est-ce que le prêtre est venu chez vous cette année? demanda le stanovoï.

— Oui, une fois, répondit le sotski.

— A-t-il fait des cérémonies religieuses?

— Il a baptisé mon fils.

— Et toi, tu as sans doute oublié même le nom qu'on lui a donné? Je sais que vous êtes tous de grands fourbes et qu'en secret vous ne cessez d'adorer vos dieux, que vous cachez quelque part dans la forêt. Je saurai tout cela un jour et alors prenez garde.

Le sotski pâlit.

— La pêche est bonne?

— Passable.

— Alors vous payerez cette fois l'impôt exactement, sans laisser d'arriéré!

— Nous tâcherons de le faire.

— Tout va-t-il bien chez vous? Il n'y a pas eu d'accidents?

— Non. La communauté s'est réunie là auprès de la porte. Elle veut vous féliciter à l'occasion de votre arrivée.

— Appelle-les.

Le sotski ouvrit la porte. Les vieillards d'abord, les jeunes gens ensuite, puis les enfants, entraient dans la iourta, s'inclinaient profondément devant le représentant de l'autorité et posaient chacun un poisson sur le banc. Cette cérémonie terminée, les Ostiaks, d'ordinaire, se retiraient; mais cette fois le stanovoï vit s'arrêter devant lui autant de monde que la iourta pouvait en contenir. Les vieillards se trouvaient en avant. Empêchés, confus, ils se tenaient là, ne sachant que dire. Le fonctionnaire comprit qu'ils voulaient lui faire part de quelque chose de particulier.

— De quoi s'agit-il? demanda-t-il par l'entremise du sotski.

— Un voleur s'est trouvé parmi nous; faut-il le punir? dit un vieillard toujours par l'entremise du sotski.

— Certainement, la loi l'ordonne.

— Alors, punis-le, le voilà, déclarèrent des voix dans la foule.

Les vieillards s'écartèrent et laissèrent passer Ita. Celui-ci tomba à genoux devant le représentant de l'autorité. On conta au stanovoï en quoi consistait le vol, en passant sous silence, bien entendu, la prestation du serment selon les coutumes païennes.

— Raconte-moi comment tu as commis le vol et dans quel but? interrogea le stanovoï.

— Je passai dans la forêt, je voulais chasser les oiseaux. C'était de très bon matin, je n'avais rien mangé encore et j'avais faim, quand tout à coup j'aperçois un lobaze sur lequel deux hommes dormaient profondément, et près du lobaze gisait le corps d'un ours avec sa peau accrochée au-dessus. J'ai pris la peau, pour l'échanger contre de l'eau-de-vie et le corps pour en manger. J'ai tout restitué, fais-moi grâce.

— Comment voulez-vous que je punisse Ita? Désirez-vous que je fasse justice de lui ici même, ou que je l'emmène avec moi pour l'enfermer dans une prison? demanda le stanovoï en s'adressant à la foule.

Personne parmi les Ostiaks ne savait ce que c'était qu'une prison; il n'y avait pas de criminels parmi eux, il n'y en avait jamais eu; mais ils avaient souvent entendu ce mot employé comme une menace, et ils tremblaient rien qu'à l'entendre, comme devant une torture redoutable et inconnue.

— Punis-le toi-même ! ici, ici ! il ne faut pas emmener Ita ! firent-ils tous d'une seule voix.

Alors le stanovoï cria d'une voix menaçante, pour faire peur à Ita :

— Liez-le et préparez des verges.

La foule se précipita hors de la iourta sans comprendre clairement le sens de cet ordre ; toutefois les physionomies exprimaient la satisfaction. Dans la rue, les Ostiaks s'arrêtèrent. La curiosité les tourmentait : qu'allait-on faire d'Ita ? Comment le punirait-on ? — Deux cosaques se dirigèrent vers la forêt ; les Ostiaks les suivirent. Mais bientôt leur curiosité devint de la terreur, lorsqu'ils s'aperçurent que les cosaques, après avoir cassé d'énormes baguettes, les disposaient en gros faisceaux, et lorsqu'on leur eut expliqué, à l'aide de gestes, l'usage que l'on devait en faire et la souffrance qu'endurerait le patient.

Au même instant il ne resta plus un seul homme auprès des cosaques. Les Ostiaks s'enfuirent vers la iourta du stanovoï et se réunirent de nouveau sur les bords du fleuve. Cette fois il n'y eut pas de discussion. Des paroles de commisération se faisaient entendre dans la foule, toutes les physionomies exprimaient la tristesse. A l'unanimité, il fut décidé que chacun porterait encore un poisson au chef, lui ferait un profond salut et lui demanderait pardon pour le coupable. Le stanovoï fut extrêmement surpris, lorsque les Ostiaks, l'un après l'autre, se présentèrent de nouveau chez lui, en posant leurs offrandes sur le banc, et en marmottant quelque chose en ostiak. Leurs voix exprimaient la prière : la même prière se lisait dans leurs regards. Il demanda à l'interprète ce qu'ils voulaient.

— Ils te prient de laisser libre Ita, ils ne veulent pas le punir, ils ont pardonné au voleur, répondit le sotski, traduisant le désir de la foule.

Et saluant le stanovoï, il ajouta :

— Nous avons eu peur à la vue des verges que tu as ordonné de préparer pour battre Ita. Nous ne voulons pas battre Ita. Rends-lui la liberté.

Le sotski fit un nouveau salut au stanovoï. Celui-ci éclata de rire.

— Quels imbéciles ! fit-il, en haussant les épaules. Eh! cosaques, lâchez ce monstre larmoyant.

Ita était assis dans le coin, les mains liées et pleurait amèrement, parce que le cosaque, resté dans la iourta, lui avait expliqué, à lui aussi, ce que c'étaient que les verges. Aussi quelle ne fut pas la joie du pauvre diable, lorsque la communauté vint intercéder pour lui !

Il n'en croyait pas ses oreilles; lorsqu'on lui eut délié les mains, il se précipita à toutes jambes hors de la iourta ; les voisins le suivirent ; dans la rue, ils l'entourèrent; ils le tapotaient amicalement sur l'épaule, lui caressaient la tête, le regardaient tendrement dans les yeux.

S'étant assuré que tout allait bien dans le paoul, le stanovoï rappela à ses habitants l'impôt à payer, adressa encore une semonce au voleur, et voyant qu'il ne lui restait plus rien à faire là, il déjeuna copieusement, puis, accompagné de ses cosaques, se remit en route. Les Ostiaks le portèrent sur leurs bras hors de la iourta, ils le placèrent dans la voiture et restèrent sur le rivage jusqu'à ce que la voiture eût disparu derrière la colline voisine.

CHAPITRE II

LES ENFANTS DE LA NATURE

Cet événement inattendu avait interrompu le
cours d'ordinaire si calme de la vie des Ostiaks,
mais, après le départ du stanovoï, tout reprit le train
accoutumé. Ce fut une longue suite de jours laborieux. On vivait la plupart du temps sur la rivière.
On prenait le poisson au filet, au flambeau, à la
ligne ; on l'essorait, on le séchait, on le salait ; on
ne se nourrissait que de poisson, toutes les conversations ne roulaient que sur le poisson. Les
chiens mêmes s'en nourrissaient ; lorsqu'il venait
à se gâter, une odeur nauséabonde se répandait
dans le village.

Cette odeur n'inspirait, du reste, aucun dégoût
aux Ostiaks ; ils l'aimaient même et mangeaient
le poisson gâté avec le même plaisir que le frais.
Les arêtes étaient recueillies par les ménagères
et conservées dans un coin — pour les jours de

famine. En hiver, lorsque le poisson vient à dimi
nuer et qu'on a souvent à endurer la faim, les
femmes ostiakes pilent ces arêtes et la famille
s'en nourrit tant bien que mal.

Ezé travaillait tout le temps comme les grandes
personnes ; ses bras lui faisaient toujours mal, tant
ils étaient fatigués ; sa face, son cou, tout son
corps était piqué par les taons, ses yeux larmoyaient sous l'action répétée de la fumée ; ses
cheveux, qu'elle n'avait pas le temps de peigner,
s'étaient comme feutrés en forme de bonnet. En
un mot, la saison de la pêche se faisait sentir à
tous les enfants des Ostiaks qui étaient en état de
travailler.

Ezé avait un camarade d'un âge égal au sien,
qu'on appelait Poote, le fils du sotski. Les iourtas
du sotski et de Syre se trouvaient l'une à côté de
l'autre, et les enfants voisins avaient grandi
ensemble. Ezé se souvenait de Poote depuis l'âge
de deux ans : ils jouaient ensemble sur la rive, en
ramassant des cailloux et des coquillages;
ensemble, ils avaient jeté pour la première fois
leurs lignes d'enfant, ensemble ils avaient tiré de
l'eau leur premier poisson qu'ils avaient aussitôt
mangé ; ensemble, ils avaient appris à ramer, à
renverser le canot et à regagner heureusement la
rive à la nage. Le sotski et Syre avaient décidé
depuis deux ans déjà que Poote et Ezé seraient
mari et femme, qu'ils feraient un beau couple;
il fallait seulement attendre qu'ils eussent l'un et
l'autre leurs quinze ans révolus. Lorsque Ezé et
Poote eurent grandi et furent obligés de travailler

avec leurs familles comme les adultes, ils ne se voyaient presque plus; aussi eurent-ils une grande joie en apprenant que les deux voisins avaient un jour résolu d'entreprendre un travail en commun : il s'agissait de placer des *mordas* (sorte de piége à prendre le poisson). Pour eux, fatigués, accablés du labeur quotidien, le travail en commun leur apparaissait comme une sorte de distraction.

Le ciel était couvert, lorsque douze douchégoubkas démarrèrent et deux par deux se mirent à remonter le fleuve. Les canots de Poote et d'Ezé voguaient côte à côte. Les enfants cherchaient à se devancer mutuellement, riaient, se moquaient l'un de l'autre, se décochaient des sobriquets spirituels. Des nuages gris se rassemblèrent de tous les côtés, le fleuve et le ciel prirent une couleur de plomb; le vent ridait l'eau et soulevait les ondes, la forêt s'assombrissait. Les canots, obéissant à des rameurs exercés, avançaient rapidement. Vers midi, ils avaient laissé le paoul loin derrière eux. Les Ostiaks comptaient atteindre à la fin du même jour l'endroit désigné; toutefois le temps commença à les inquiéter; de grosses gouttes se mirent à tomber, rares d'abord, puis de plus en plus denses, et finalement la pluie se changea en averse. Les éclairs rayaient en zigzag le ciel d'un gris sombre; des roulements de tonnerre retentirent, d'abord lointains, sourds, puis de plus en plus proches. Les Ostiaks cherchèrent du regard un point facile à aborder; leur choix tomba sur une petite baie, dont les bords étaient couverts d'arbres centenaires. Un coup de tonnerre éclatait juste au-dessus de leurs têtes, lorsqu'ils accostèrent, Ezé et Poote, trempés de part en part, dans l'eau jusqu'aux genoux, aidaient les autres à tirer les canots sur la rive.

Bientôt, sur les branches touffues des vieux cèdres et des pins, on eut accroché les peaux de renne; on en étendit de même du côté par où arrivait la pluie; ainsi se formèrent à la hâte plusieurs huttes dans lesquelles des feux ne tardèrent pas à flamber.

Au-dessus des tisons, les femmes mirent des chaudrons avec du poisson; les hommes se couchèrent autour des feux et, tournant tantôt la face et tantôt le dos à la flamme, séchèrent leurs vêtements trempés. Ezé et Poote s'assirent côte à côte. Le garçonnet grelottait. Ezé lui jeta sur la tête son mouchoir qu'elle avait préalablement séché, ce qui le réchauffa. Il riait de plaisir, en fourrant presque dans le feu ses menottes froides et rouges. La soupe chaude avait réconforté les enfants. Mais leur repos ne fut pas long. Lorsque l'orage et l'averse eurent cessé, les Ostiaks résolurent de continuer leur route.

Ils voguaient vers l'endroit désigné, en dépit d'une pluie fine qui pénétrait leurs vêtements. Poote et Ezé avaient pris place dans le même bateau, en convenant de ramer à tour de rôle. Le garçon était d'une constitution plus délicate qu'Ezé, et il se mit à grelotter de nouveau. Ezé tantôt se moquait légèrement de lui, tantôt cherchait à l'encourager par d'affectueuses paroles.

Le canot se remplit d'eau de pluie ; les vêtements froids et mouillés des enfants se collaient contre leurs corps, l'eau ruisselait de leurs cheveux. Les enfants ostiaks sont accoutumés dès leur naissance à toute sorte de privations : à la faim, au froid, à la chaleur, à l'humidité ; mais en dépit de cette trempe précoce, il en meurt un grand nombre.

Vers le soir, lorsque les canots s'arrêtèrent à l'endroit convenu, Poote se plaignit d'un fort mal de tête. Personne, á part Ezé, n'y fit attention. Ils étaient tous fatigués, trempés ; tous ils se pressaient autour du feu, ne pensant qu'à une chose : à se sécher et à réchauffer leur corps. La mère de Poote avait en outre sur les bras d'autres enfants, plus petits. Le garçonnet refusa de souper et se coucha devant le feu sur la terre mouillée, en posant sa tête sur les genoux d'Ezé.

La pluie avait cessé. La nuit était sombre ; des nuées couleur de plomb couvraient le ciel ; la rivière paraissait une bande noire, des deux côtés de laquelle s'estompaient en touffes sombres les arbres de la forêt. De loin, le lieu de débarquement offrait un spectacle très pittoresque. Plusieurs feux allumés sur le rivage se refléchissaient dans l'eau et éclairaient les groupes des Ostiaks, la lisière des bois de sapins et des huttes de forme bizarre, en écorce de bouleau, où hommes, femmes et enfants de tout âge, dans des costumes fantastiques, quelques-uns les cheveux dénoués, étaient étendus devant le foyer. Mais de près l'impression changeait complètement. Le visage des pêcheurs était sombre, leurs attitudes trahissaient une profonde fatigue, les costumes fantastiques n'étaient autre chose que des haillons, et les huttes bizarres — de petits auvents, formés de quatre ou cinq perches placées obliquement, avec une traverse, et recouverts d'écorce de bouleau et par-ci, par-là, de peaux de renne. Sous ces auvents, bons tout au plus à garantir de la pluie, sur des chiffons sales et des peaux de renne, les travailleurs s'étaient disposés pour la nuit. Triste spectacle....

Poote passa une très mauvaise nuit. Il fit de mauvais rêves. Tantôt il se noyait, tantôt il lui semblait qu'il s'enfonçait dans un monceau de neige. Son linge séchait lentement sur lui. Le frisson et le mal de tête l'empêchaient de dormir longtemps. Vers le matin, le vent, qui s'était élevé, dispersa les nuages, le ciel se rasséréna, les rayons du soleil envoyèrent à la terre leurs regards caressants. Les pêcheurs sortirent de leurs huttes et se mirent à travailler, partie sur la rive, partie dans l'eau. Il leur était indispensable de barrer la rivière par une palissade en pieux, branchages et menu bois, c'est-à-dire de faire déborder la rivière en laissant dans la palissade des orifices pour placer les mordas. Celles-ci sont tressées de jeunes pousses d'osier et de saule; elles ont l'aspect d'un panier avec une ouverture carrée d'un côté.

Sur le rivage tout était en mouvement. Des

voix se faisaient entendre ; des coups de hache retentissaient. Ezé et Poote se mirent à tresser des mordas, à quoi ils excellaient. Leur besogne avançait rapidement. Ezé se sentait, comme à l'ordinaire, gaie et vive, mais Poote était mou et pâle. Il avait encore mal à la tête ; pourtant il s'efforçait de ne pas demeurer en arrière d'Ezé. Syre s'approchait de temps en temps et leur disait qu'ils travaillaient comme de grandes personnes.

— Qu'avons-nous à nous dépêcher ainsi? demanda Poote à sa compagne.

— Plus vite nous finirons notre ouvrage, mieux ce sera. Nos pères placeront les mordas avant les autres Ostiaks et nous deux nous nous sauverons, répondit Ezé.

— Nous sauver? Comment ? Où?

— Dans la forêt. Là nous cueillerons des baies et des noisettes.

Le garçonnet eut un sourire. La perspective de la fuite dans la forêt lui semblait très agréable.

Il aimait le bois autant que l'eau. La rivière, il est vrai, le nourrissait mieux que la forêt, mais cette dernière, avec ses animaux, ses oiseaux et ses petits coins ombreux, présentait des attraits plus variés. A la seule idée de cette promenade Poote sentait presque diminuer son mal de tête.

A midi, lorsque les familles du sotski et de Syre s'installèrent pour prendre leur repas, personne ne s'aperçut de la disparition d'Ezé et de Poote. Le sotski supposa que tous deux étaient assis auprès du chaudron de Syre, tandis que celui-ci crut qu'Ezé mangeait la soupe avec la famille du sotski. Et pendant ce temps, les enfants se trouvaient loin du rivage, dans la profondeur de la forêt, où ils s'étaient couchés parmi les framboisiers touffus et en dévoraient les baies savoureuses.

— Maintenant on va s'apercevoir de notre absence, on va nous appeler, et lorsque nous serons de retour on nous donnera une bonne raclée, fit Poote en rampant vers un nouvel arbrisseau.

— Mais non, on ne s'en apercevra pas, dit Ezé pour le rassurer. Ils dînent en ce moment, puis ils vont se coucher. Je saurai, d'après le soleil, à quel moment il nous faudra revenir.

Elle fit le tour de plusieurs arbrisseaux dépouillés, et s'assit sur une souche, en étendant ses petites jambes couvertes de boue.

Sur un arbre voisin, un pic creusait l'écorce avec son long bec. La fillette frappa de la paume de sa main contre le tronc; l'oiseau la regarda avec ses petits yeux ronds et noirs, mais ne bougea pas de place. Ezé cueillit une branche et se mit à chasser les moucherons, en jetant des regards curieux de tous les côtés. Devant elle se dressait un jeune bouleau, dont les feuilles vert tendre tranchaient sur la verdure sombre des pins; un écureuil passa sur un tronc; une sauterelle verte brilla dans l'herbe.

— Il fait bon dans la forêt, fit Ezé en devenant pensive.

— Il fait bon, mais j'ai peur, cria Poote de derrière les arbrisseaux.

— De quoi as-tu donc peur?

— Un ours peut survenir.

— Nous nous sauverons, et s'il se met à nous poursuivre, c'est moi qu'il saisira, parce que tu cours plus vite que moi.

— Pour rien au monde, je ne le voudrais, s'écria Poote en accourant auprès d'Ezé, et en lui entourant fortement le cou de ses bras. Je resterai exprès en arrière pour que ma bonne et brave Ezé demeure en vie.

— C'est bien, c'est bien, mais tu vas m'étrangler comme cela, déclara Ezé, allons plutôt chercher des framboises.

Ils se prirent par la main et s'en allèrent à quelques mètres de là, vers un point où l'on apercevait, drus et verts, des framboisiers du Nord, tout chargés de baies parfumées et succulentes. Les enfants s'étendirent encore une fois par terre, et ils cueillaient directement avec la bouche les fruits savoureux qui rappellent par leur aspect la framboise des bois, sauf la couleur, plus sombre et tirant sur le bleu.

— Les nôtres sont loin maintenant, fit Poote.

— Oui; si nous leur crions : « Holà! » ils ne nous entendront pas.

— Holà! holà! cria Ezé.

— Holà! répondit quelque part, non loin d'elle, une voix de basse.

Les enfants se levèrent brusquement et, avec des mines effrayées, s'arrêtèrent l'un en face de l'autre.

— Holà ! repéta la voix de basse déjà bien plus rapprochée.

Et immédiatement après, des pas lourds et pressés retentirent.

Ezé et Poote se prirent par les mains et se mirent à courir vers le rivage avec une telle rapidité que leurs petits pieds paraissaient voler en l'air.

De derrière les troncs d'arbres sortit un homme d'un type tout autre que celui des Ostiaks. Les cheveux ébouriffés, sale, vêtu de haillons, cet homme emboîta rapidement le pas aux enfants. C'était un forçat évadé, égaré dans les bois, comme on en rencontre souvent dans les forêts de la Sibérie.

Les enfants, apeurés, en entendant des pas derrière eux, couraient à toutes jambes.

Cependant celui qui les poursuivait n'accélérait pas son allure, mais sans demeurer non plus en arrière. Ezé le prenait pour un être surnaturel. Par endroits, lorsque le sentier devenait trop sinueux ; les enfants piquaient droit dans le fourré, les branches flexibles leur fouettaient le visage ; les épines accrochaient leurs vêtements. Couverts d'égratignures, les habits déchirés, ils arrivèrent, en proie à une vive frayeur, dans le camp des Ostiaks. Là, les adultes et les vieillards, après avoir terminé leur repas, s'étaient étendus sur l'herbe, et goûtaient un repos bien mérité. Leurs enfants, rassemblés en tas, jouaient sur la rive.

Ezé et son camarade, dans leur épouvante, ne

purent même pas raconter avec suite ce qui s'était passé. Ils s'interrompaient l'un l'autre, en indiquant du doigt la forêt. Mais la chose s'expliqua d'elle-même.

De la lisière sortit un homme au teint hâlé, aux cheveux en désordre,
aux vêtements sales et déchirés.

De la lisière sortit un homme au teint pâle, aux cheveux en désordre, aux vêtements sales et déchirés.

Il avait le type russe, et lorsqu'il s'approcha de Syre et se mit à parler, son langage le fit en effet reconnaître comme Russe. L'inconnu ne savait pas l'ostiak, les Ostiaks ne parlaient pas le russe, mais l'expression de la figure et les gestes de l'étranger étaient assez intelligibles. Ses joues creuses disaient clairement les privations endurées, comme ses sourcils froncés et ses yeux brillants trahissaient les inquiétudes souffertes. L'homme appuya sa main gauche sur son ventre, pour faire voir que son estomac était vide, et étendit sa main droite en avant pour demander de la nourriture.

Les Ostiaks comprirent tout cela ; ils comprirent aussi qui était le nouveau venu. Chaque année il leur arrivait de rencontrer plusieurs fois pendant l'été des gens semblables : affamés, fatigués, exténués. C'étaient des forçats qui s'étaient évadés des mines et des usines et cherchaient à passer en Russie. Ils vont la plupart du temps séparément, quelquefois par deux, par trois ensemble et presque toujours en suivant les chemins de traverse, pour éviter la rencontre des autorités en tournée dans les hameaux et villages. Ils se nourrissent d'aumônes, en se faisant passer pour des pèlerins errants. Il arrive fréquemment qu'ils s'égarent dans la forêt et meurent de faim.

Le nouveau venu était précisément l'un de ces évadés. Du geste, les Ostiaks lui offrirent du poisson, mais l'hôte n'avait pas l'habitude de manger du poisson cru ; il alluma lui-même du feu, puisa de l'eau dans un chaudron et s'assit en attendant que la soupe fût prête. Le sotski, qui savait le russe et avait servi d'interprète au stanovoï, prit place à ses côtés. Il lui raconta la visite récente du représentant de l'autorité, et lui indiqua la route prise par le stonovoï. L'hôte l'interrogea sur le chemin en sens inverse, et pour lui témoigner sa reconnaissance, lui communiqua une nouvelle.

— Par là, non loin de nous, fit-il, en indiquant l'Orient, rôde un groupe de chercheurs d'or. J'ai manqué moi-même de me heurter contre eux.

— Et à quelle distance sont-ils à peu près ? demanda le sotski.

— Mais à une vingtaine de verstes environ. Attendez donc, ils vont trouver de l'or, creuser une mine, construire des maisons ; ils viendront vous acheter du poisson. Le travail marchera bon train chez eux. La forêt morte s'éveillera, le bruit des haches retentira partout, on frayera des chemins qui mèneront à la ville et chez nous.

Mais les Ostiaks, à qui le sotski avait fait part de la nouvelle, ne paraissaient pas contents. Ils restèrent la tête basse.

— Pourquoi avez-vous donc l'air soucieux ? demanda le nouveau venu ; est-ce que je n'ai pas su vous plaire ?

— Nous n'avons pas lieu d'être bien satisfaits, repartit Syre : — si on creuse des mines, des gens de tout pays viendront chez nous ; il y aura du bruit, du vacarme, les fauves auront peur et s'enfuiront au loin. Et en hiver il nous arrive souvent de chasser les fauves. Le poisson seul ne suffit pas pour vivre.

— Pour nous, ce n'est encore que demi-mal, fit le sotski ; mais les Vogoules, eux, qui sont des chasseurs, seront tout à fait malheureux. Il y a des iourtas de Vogoules à dix verstes de nous, il y en a vingt. Il ne leur restera plus qu'à quitter leurs iourtas et à s'en aller plus loin, en s'enfonçant plus profondément dans la forêt : ils ne peuvent pourtant pas se laisser mourir de faim.

Nieniaï, qui assistait à la conversation, pensa à Iabeï. Sa iourta se trouvait précisément du côté où le nouveau venu avait aperçu les chercheurs d'or. Un regret lui vint, une tristesse profonde s'empara d'elle à l'idée que Iabeï s'éloignerait d'eux et construirait une autre iourta, peut-être dans un désert tel qu'il lui deviendrait impossible en été de venir les voir. Elle évitait bien Iabeï, lorsqu'il venait voir son père, mais c'était uniquement pour cacher sa joie à lui et à ses parents. Nieniaï aimait Iabeï, mais par timidité, elle dissimulait ce sentiment devant tout le monde.

Cependant la soupe au poisson était prête, et l'hôte se mit à manger de grand appétit. Il ne regrettait qu'une chose, c'était qu'il n'y eût pas de pain.

Après avoir longuement causé des mines à creuser et de leurs nouveaux voisins, les Ostiaks se remirent à leur travail, depuis les enfants jusqu'aux vieillards, et l'hôte, s'étant rassasié, s'étendit par terre et s'endormit d'un lourd sommeil. Lorsque Ezé et Poote eurent appris que l'homme qui les avait tant effrayés n'était qu'un fugitif, qui les avait suivis dans la forêt à seule fin de trouver un chemin qui le menât vers une habitation, ils rirent bien de leur poltronnerie.

Le soir, lorsque les Ostiaks, fatigués et affamés,

se disposèrent à souper, ils réveillèrent le fugitif. Celui-ci se leva ranimé, reposé et assez réconforté pour se remettre en route la nuit même. Chaque famille lui donna cordialement une place autour de son chaudron. Lorsque le repas fut terminé et que l'hôte eut fait ses préparatifs de départ, on lui offrit d'emporter avec lui une provision de poisson. Il retroussa le bas de sa chemise qu'il passa à sa ceinture et prit autant de poisson que pouvait en contenir ce sac improvisé; mais en même temps, il s'empara du chaudron. D'une manière tout à fait inattendue pour ses hôtes, il l'enleva, d'un mouvement brusque de la main, du râtelier voisin, et vivement passa sa tête dans la cordelette par laquelle le chaudron était accroché. De cette façon, celui-ci se trouva sur son dos. Les Ostiaks demeurèrent ahuris, tandis que leur hôte éclatait de rire et s'élançait vers la forêt.

Syre et le sotski se jetèrent à ses trousses. En entendant qu'on le poursuivait, le fugitif s'arrêta et, s'appuyant contre un tronc d'arbre, attendit ce qui allait se passer. Le sotski, en accablant l'ingrat d'injures et de reproches, courut vers lui, mais le voleur tira vivement de son sein un couteau pliant et se mit à le brandir. Profitant d'une nouvelle confusion de ceux qui le poursuivaient, il sauta, comme un fauve, dans le fourré et fit ainsi quelques pas; mais il fut de nouveau entouré par les Ostiaks. De nouveau, il dut prendre une attitude menaçante et se défendre en brandissant le couteau. Chacun des Ostiaks aurait pu facilement lui donner un coup de harpon dans

·le côté, ou lui assener un coup de gourdin sur la tête, mais il ne leur venait même pas à l'esprit, non seulement de tuer un homme, mais même de le blesser. Ces pêcheurs paisibles ne s'avisaient même pas de lui faire peur, comme il leur faisait peur à eux. Ils se tenaient tranquillement autour de lui et l'exhortaient à leur rendre le chaudron ; mais il n'était pas homme à s'exécuter, le forçat évadé, qui avait passé par tant de vicissitudes durant sa vie et qui comprenait très bien à qui il avait affaire. Il dit donc, en s'adressant au sotski :

— Si vous me reprenez le chaudron, je vais me rendre tout de suite dans votre paoul et je brûlerai toutes vos iourtas. Si vous vous saisissez de moi, mes camarades arriveront, et alors, malheur à vous : ils incendieront votre paoul, ils emmèneront vos femmes et vos filles dans la forêt où ils les abandonneront, et ils tueront vos enfants.

Le sotski fit part à ses camarades des menaces du vaurien ; une peur mortelle s'empara d'eux. Le fuyard mentait assurément : il n'avait pas de camarades et il leur avait dit lui-même, avant le repas, qu'il s'était égaré ; mais les Ostiaks ne réfléchissaient pas à tout cela.

Ils avaient ouï parler des incendies et des pillages auxquels se livraient les forçats évadés lorsqu'on les indisposait d'une façon quelconque ; mais nos Ostiaks n'avaient jamais eu à subir des horreurs pareilles. Ordinairement ils donnaient aux évadés de quoi manger à leur faim, une provision de nourriture pour la route, et l'affaire en

restait là. Le tableau des calamités terribles dont
le fugitif les avait menacés se dressa tout à coup
devant eux. Ils commencèrent à se demander s'il
ne valait pas mieux laisser partir cet homme, et
ils finirent par lui faire place.

Le fugitif n'hésita pas longtemps. Sans cesser
de brandir son couteau, il se jeta dans la profondeur de la forêt et disparut aussitôt derrière les
troncs des arbres. Pendant quelques minutes, on
entendit le bruit de ses pas et le craquement des
branches sèches qu'il brisait; deux ou trois fois
même éclata son rire triomphant et effronté, puis
tout se tut. Tristes, les Ostiaks revinrent vers leurs
foyers. Ces enfants de la nature, ces gens simples
et sans malice, semblaient créés tout exprès pour
être exploités de toutes manières.

Ezé était plongée dans une affliction profonde.
Son camarade et fiancé, le petit Poote, allait de
moins en moins bien. Le mal de tête et le frisson
qu'il éprouvait augmentaient chaque jour; l'enfant
cessa de travailler, cessa de prendre de la nourriture et bientôt s'alita tout à fait. Il restait couché
dans la hutte, pâle, les lèvres sèches; par moments il délirait en parlant du fugitif terrible, de
l'orage et de la pluie, du poisson; mais le plus souvent il répétait le nom d'Ezé et se rappelait leurs
jeux et leurs amusements. La petite fille ne le
quittait pas; assise devant la hutte, elle raccommodait les filets et, l'angoisse dans l'âme, écoutait
les propos incohérents du malade. Par moments,
elle se mettait à pleurer. N'eût été Ezé, personne

n'aurait soigné le malade. Le travail battait son plein chez les Ostiaks; le père et la mère, occupés de leur métier, ne faisaient pas attention à leur fils, et, le soir venu, accablés de fatigue et de faim, ils s'étendaient n'importe où et s'endormaient profondément

Et quelle importance pouvait aussi avoir un enfant malade chez les Ostiaks? Les cas de maladie et de mort sont très fréquents chez ces enfants. Ceux-là seuls survivent qui naissent robustes et sont en état de supporter le climat rude, la faim et le dur labeur.

Une fois Ezé crut voir que la figure de l'enfant devenait particulièrement pâle et jaune, que ses yeux enfoncés et ses joues creuses s'enfonçaient et se creusaient encore plus. Elle s'aperçut que ses lèvres sèches remuaient légèrement. En approchant son oreille de la bouche de Poote, la fillette entendit un léger murmure :

— A boire, à boire...

Elle puisa de l'eau, et soulevant la tête du malade, lui donna à boire. Le garçonnet ouvrit un peu les yeux; quelque chose comme un sourire triste glissa sur sa figure, puis il retomba de nouveau dans son état d'inconscience. Ezé devint pensive; une question se présenta à son esprit : pourquoi n'appelait-on pas au chevet du malade le chaman? Il guérirait à coup sûr le pauvre Poote, comme il avait déjà guéri bien de gens. Les dieux exauçaient ses prières, et les Ostiaks avaient maintenant beaucoup de poisson, assez pour offrir un sacrifice aux dieux et aussi pour récompenser le chaman. Ezé attendit l'heure du repas ; et lorsque les Ostiaks se furent réunis sur le rivage autour de leur feu, elle insista auprès des parents de Poote jusqu'à ce qu'ils eussent consenti à mander le chaman.

Les Vogoules et les Ostiaks, voisins entre eux, avaient un chaman commun : Kaptchanda-Iankou (nom qui signifie immortel). Il demeurait dans le fourré, près de la caverne où étaient conservées les idoles. Il ne fallait pas moins de vingt-quatre heures de marche pour arriver jusqu'à lui. Qui est-ce qui consentirait à quitter le travail pour s'y rendre? Ita s'offrit volontiers pour cette bonne action.

Les deux jours et les deux nuits passés par Ezé dans l'attente du chaman, lui parurent une éternité. Et l'enfant allait de plus en plus mal : il faiblissait et dépérissait sensiblement, mais il reprenait plus souvent connaissance et arrêtait son regard sur sa garde-malade. Une fois, c'était au moment où les quarante-huit heures touchaient à leur fin, il remua légèrement la main, comme pour faire signe à Ezé de s'approcher. Celle-ci se pencha sur lui.

— Je vais mourir ! murmura-t-il en indiquant du doigt le ciel.

Ezé éclata en sanglots.

— Non, non, répétait-elle. Le chaman va arriver et il te guérira. Les dieux te viendront en aide.

— Qu'on m'enterre dans la forét... à l'endroit... où pour la dernière fois... nous avons cueilli des framboises... fit-il dans un murmure entrecoupé.

Ezé saisit les mains du malade et les serra fortement. Ses larmes tombaient sur la figure du pauvre enfant. Il sourit tristement.

— Donne-moi des framboises… murmura-t-il.

Et il ferma les yeux, tandis qu'une convulsion contractait ses traits.

Ezé se précipita vers la forêt pour exécuter le désir du malade, mais sur la lisière elle rencontra le chaman et Ita, qui se hâtaient d'arriver. Sa joie fut si grande qu'elle oublia les framboises et revint avec eux à la maison. L'enfant était couché, ses membres rejetés de côté, les yeux et la bouche entr'ouverts, et il ne connaissait plus personne. Sa respiration était rauque et saccadée, sa mâchoire inférieure remuait faiblement. Le chaman examina attentivement l'enfant, lui palpa la tête, la poitrine, les bras et déclara qu'il essayerait de le guérir, mais qu'il ne pouvait pas répondre du succès. Il fallait procéder à la cérémonie, mais cela dépendait de l'inspiration, c'est-à-dire du moment où les dieux font savoir au chaman qu'il est temps de commencer le traitement.

Le chaman se retira sur la lisière de la forêt et s'assit sur une souche, la face tournée vers la forêt. Il s'imposa le jeûne et le silence. Il arrive parfois que le chaman attende l'inspiration pendant deux ou trois fois vingt-quatre heures; alors ceux qui l'entourent se mettent à danser devant lui, à jouer de la dombra, à chanter des chansons, afin de hâter l'inspiration. Parfois, elle vient pendant le sommeil. Dans ce but, le chaman, en se couchant, met sous son coussin des armes qui doivent amener le songe prophétique. Si l'essai est couronné de succès, le chaman, en s'éveillant, fait entendre un coup de tambourin.

Cette fois l'inspiration ne se fit pas attendre longtemps. Une heure s'était à peine écoulée que le chaman frappa du tambourin. En entendant ce son, tous les Ostiaks se réunirent auprès de la hutte du malade et entourèrent le chaman. Il donna l'ordre à chacun de façonner une petite idole de bois ou d'écorce en forme de quadrupède, d'oiseau ou de poisson, et se mit à exécuter le même travail. De ses mains habiles et expérimentées sortit bientôt un grand oiseau aux ailes déployées, qu'il suspendit au-dessus du malade. Les Ostiaks ne tardèrent pas non plus à terminer leurs grossières idoles.

Devant la hutte du malade on déblaya une petite place, on y alluma un feu et on éparpilla tout autour les idoles qu'on venait de faire. Le chaman s'approcha du feu qui flambait, tenant à la main un arc et une flèche, regarda le ciel et, parlant au nom du malade, prononça la prière suivante :

— Dieux, si je suis coupable, que mon âme s'envole de mon corps aussi promptement qu'une flèche lancée par l'arc. Si je ne suis pas coupable, donne-moi la vie sauve.

Puis Khaptchanda-Iankou prit plusieurs poissons vivants, dont il orienta la tête vers l'occident, et tournant sa face vers cette même direction, il dit :

— Que ma prière soit plus prompte qu'une eau prompte ; qu'elle vole plus vite qu'un trait rapide.

A ces derniers mots, le chaman baisa trois fois la flèche qu'il tenait à la main et la lança avec l'arc le long de la rive ; après quoi il continua :

— Jette un regard de ton œil juste et que tes narines flairent le sacrifice que je t'offre. Accepte-le.

Après avoir prononcé ces paroles, Khaptchanda-Iankou fendit les poissons, prit dans sa main le tambourin et se mit à chanter des hymnes de louange au feu, aux âmes des anciens chamans, aux nuages, à la lune, aux étoiles et aux aigles. Ensuite commença une vraie représentation théâtrale. Le chaman prit un sac, y mit les poissons offerts en sacrifice et fit semblant de courir pour comparaître devant la divinité elle-même. Sans s'éloigner de la hutte du malade, il se mit à mimer aux spectateurs un long voyage qu'il était censé accomplir, tantôt gravissant une montagne, tantôt la descendant ; il faisait mine de trébucher, de passer une rivière à la nage, de se dérober à la poursuite des chiens ; d'éviter les bêtes féroces ou les dieux malfaisants de la forêt. En même temps Khaptchanda-Iankou imitait les aboiements des chiens et le rugissement des fauves. Enfin, après bien des difficultés et des obstacles, le chaman fit semblant d'être parvenu à la demeure de la divinité, il tomba devant elle à genoux et d'une voix suppliante lui demanda :

— Qui est-ce qui est coupable de la maladie de l'enfant, ou qui est-ce qui a causé sa maladie ?

Ayant reçu du dieu une réponse qui resta un mystère pour tous, Khaptchanda-Iankou fit mine de revenir vers la hutte du malade.

Maintenant il ne lui restait plus qu'à frotter le corps du garçonnet avec le sang et la graisse de la victime et à lécher tout cela. Quand on immolait un renne ou un cheval, on entourait le corps du malade avec la peau chaude de l'animal. Si on avait des douleurs aux bras et aux jambes, on mettait sur les membres la peau chaude, enlevée tout entière de la victime. Mais comme, en ce moment, Khaptchanda-Iankou n'avait que du poisson, il se prépara à l'opération indiquée tout d'abord, c'est-à-dire à lécher le corps du malade. Le poisson fendu dans la main, il entra dans la hutte, se pencha sur Poote, posa la main sur sa tête et resta figé dans cette attitude : l'enfant était mort.

Il n'avait pu supporter la rude existence de ses parents et de ses aïeux : la fièvre typhoïde avait fauché sa jeune vie. Ezé le pleura bien plus que sa propre mère ; celle-ci avait d'autres enfants, mais Ezé n'avait pas d'autre camarade. On l'enterra dans la forêt, à l'endroit qu'il avait choisi. Dans sa tombe on plaça des filets, un harpon, une morda, un hameçon et un chaudron pour que dans l'autre monde il eût les moyens de se procurer de la nourriture et de la faire cuire. Ezé allait chaque jour sur la tombe fraîche, enfouissait dans la terre des fleurs et des baies et éclatait en sanglots.

La pêche du gros poisson était terminée. Le poisson de mer, comme l'esturgeon, le saumon de Sibérie, le moksoune et autres espèces, qui avait pénétré dans l'Obi au mois de juin et remonté le fleuve et ses affluents, se trouvait tout entier pris aux filets, aux mordas et aux hameçons des pêcheurs ostiaks.

On en avait chargé des bateaux. Une partie en avait été lâchée dans des fosses profondes, creusées à cet effet, une autre restait sous l'eau dans les filets transformés en sacs.

Nos Ostiaks, à leur tour, ne rencontraient plus de gros poisson; ils comprirent que cette année avait été mauvaise pour eux. La pêche du gros poisson, qui n'avait lieu qu'une fois par an, leur rapportait toujours trois fois autant qu'une pêche ordinaire. Rien à faire là contre, il fallait tant bien que mal se résigner à cette situation douloureuse, vendre autant de poisson qu'il était nécessaire pour payer l'impôt et garder le reste pour soi. Ainsi donc la pêche étant terminée, on dut songer à préparer le poisson en vue de le conserver : il fallait le saler, le sécher, l'essorer et le faire fermenter. Mais il n'était pas donné à tous les Ostiaks de s'occuper de ces travaux domestiques. Les industriels et les accapareurs de toute sorte savaient fort bien où et quand finissait la pêche du gros poisson, et avec leurs canots spacieux, ils arrivaient toujours à temps. Dans les affluents du nord de l'Obi, cette pêche se termine ordinairement à la fin de juillet et au commencement d'août, tandis que dans ceux du sud elle se continue jusqu'en septembre, parce que le poisson avance lentement et graduellement. Vers cette époque, les trafiquants arrivent chez les pêcheurs et leur achètent le poisson sur place, ou bien les Ostiaks eux-mêmes apportent leur pêche à la foire d'Obdorsk et là, la plupart du temps, l'échangent contre tout ce qui leur est nécessaire pour les usages quotidiens.

A peine nos Ostiaks avaient-ils eu le temps de vider leurs derniers filets, que sur le fleuve apparurent les bateaux de l'industriel qu'ils connaissaient. Les Ostiaks se ranimèrent et reprirent courage. Ils convinrent de mettre d'abord à part une provision de poisson pour eux-mêmes, puis d'en vendre pour de l'argent autant qu'il fallait pour payer l'impôt, et de n'en échanger que le superflu contre des objets de luxe, c'est-à-dire contre des habits de fête et de l'eau-de-vie. Ainsi décidèrent les Ostiaks, et ils se mirent à appeler du geste les bateaux qui approchaient. C'était vers le soir; le soleil venait de se coucher; à la chaleur d'une journée de juillet succédait un peu de fraîcheur. Les bateaux s'amarrèrent près d'un petit cap rocheux, à une centaine de mètres du camp des Ostiaks. Ceux-ci avaient entouré les nouveaux arrivés et ils les regardaient avec curiosité décharger leurs marchandises. Le marchand Ivan Ivanovitch, — un homme d'un poids de huit pouds (1) environ, de taille moyenne, à la figure grêlée, aux yeux à peine visibles à cause de la

---

(1) Un poud pèse 16 kilos.

graisse qui les entourait, — donnait des ordres à plusieurs ouvriers. Sa physionomie rusée, sa petite barbe rare étaient bien familières aux Ostiaks. Ils acclamèrent cordialemeut Ivan Ivanovitch qui leur fit un signe de tête en disant :

— Attendez ; je ne veux pas vous souhaiter le bonjour les mains vides. Je vais tout de suite régaler mes hôtes gracieux.

Sur son ordre, on plaça au sommet de la colline, à l'endroit le plus apparent, des barils d'eau-de-vie et de rhum, autour desquels on étala des fichus rouges en coton, des chemises et des robes d'indienne mauvais teint ; de petits écrins avec des boucles d'oreilles et des bagues en cuivre ; des perles fausses, des paquets de tabac en feuilles, de la vaisselle de bois et de grès, des couteaux, haches, etc.; des sacs de farine furent mis à l'écart, au-dessus on éleva un auvent. Comment l'œil n'aurait-il pas été ébloui? Tous, vieux et jeunes, se précipitèrent vers les marchandises éclatantes apparues là comme par enchantement.

Les jeunes filles, les jeunes gens et les enfants ne savaient quoi admirer d'abord. Le bruit des conversations joyeuses gagna le camp ; toutes les physionomies se déridèrent.

Ivan Ivanovitch se mit alors à régaler les vieillards. A chacun il offrait un petit verre de rhum en l'embrassant et en prononçant des phrases comme celles-ci :

— Bonjour, ami ; le ciel soit loué d'avoir permis que nous nous revoyions !

Ivan Ivanovitch se mit alors à régaler les vieillards. A chacun il offrait
un petit verre de rhum.

— Le ciel te conserve, ami ; assez peiné ! Il est temps de se reposer, mes amis ; il faut s'égayer un peu, se divertir !

— Avez-vous bien travaillé? Aurez-vous assez de poisson pour toutes mes marchandises?...

Après le petit verre de rhum, les vieillards se sentirent tout joyeux, tout ragaillardis, et ils regardaient avec envie défiler après eux les jeunes gens, puis les femmes, les jeunes filles et enfin les enfants. Ivan Ivanovitch régala tout le monde, sans faire tort à personne. En attendant, on lui avait préparé un samovar d'une contenance d'au moins douze litres. Il se mit à prendre le thé en en offrant cordialement à ses hôtes. Ceux-ci acceptèrent volontiers. Ivan Ivanovitch ne manquait pas d'ajouter de l'alcool dans leurs verres. Les Ostiaks étaient aux anges. Plusieurs d'entre eux s'élancèrent vers leurs provisions de poisson et apportèrent, qui des moksounes, qui un saumon, qui même un esturgeon pour l'offrir en cadeau au nouveau venu. C'est ce que voulait Ivan Ivanovitch. Son rhum, son alcool et son thé lui rapportèrent d'un coup dix fois leur valeur.

Ezé s'arrêta pensive, auprès des bagues en cuivre. Elle pensait à Poote. L'année d'avant, son père avait échangé un gros poisson contre deux petites bagues pareilles et donné l'une à elle-même, l'autre à son camarade. La fillette se rappelait nettement la joie qu'ils avaient éprouvée à la vue de ces bijoux et comme ils s'étaient vite ternis. Elle jeta un coup d'œil sur sa bague toute noircie. En ce moment, son père, très gai, s'ap-

procha d'elle, la prit dans ses bras, comme une
toute petite fille et se mit à la caresser en lui
demandant ce qu'elle voulait : une bague, un
collier de perles ou un fichu rouge ? Ezé choisit
un joli collier de perles bleues, mais sans en
éprouver une bien grande joie. L'idée que son
camarade n'était plus l'empêchait d'être heureuse. Après avoir passé la parure à son cou,
elle se retira à l'écart et se mit à regarder les
autres. Toutes les femmes et les jeunes filles
étaient joyeuses, elles riaient, s'ôtaient les unes
aux autres les objets qu'elles avaient choisis,
les échangeaient sur place et paraissaient très
affairées.

Les ouvriers d'Ivan Ivanovitch étaient aussi
très occupés ; les uns recevaient le poisson, remis
en paiement de marchandises ; les autres le triaient,
l'emportaient dans les bateaux ; les troisièmes le
versaient dans les tonneaux, qui s'y trouvaient
tout prêts et le salaient immédiatement. Ivan
Ivanovitch regardait autour de lui et souriait d'un
air satisfait.

Les Ostiaks ne se contentèrent pas de l'alcool
dont les avait régalés Ivan Ivanovitch ; il n'avait
fait qu'exciter en eux le désir d'en prendre encore
un petit verre. Ils se mirent donc à insister pour
qu'il leur en donnât encore en offrant en échange
le meilleur poisson. Le nouveau venu leur offrait
avec zèle et du rhum, et de l'alcool, mais il n'oubliait pas en même temps qu'il devait se défaire
des sacs de farine. D'une farine semblable, personne n'en eût voulu, en dehors des Ostiaks. Elle

était avariée, avec un goût d'amertume très prononcé, et se trouvait mélangée avec du sable et des boulettes de terre glaise. Ivan Ivanovitch s'approcha du sotski et lui dit d'un ton engageant :

— Que ne prenez-vous. de la marchandise sérieuse ? Vous échangerez tout votre poisson contre de l'eau-de-vie, et qu'est-ce que vous mangerez alors ?

Ses paroles ne demeurèrent pas sans résultat ; un trafic important s'ensuivit.

Ivan Ivanovitch examina tout le poisson et choisit le meilleur pour sa farine gâtée. Il ne regrettait d'ailleurs pas le surplus, sachant fort bien qu'il passerait tout entier dans ses mains en échange de la boisson.

La lune monta au plus haut de la voûte bleue ; elle illumina le fleuve, les cimes de la forêt et la clairière, où se déchaînait en ce moment une sorte d'orgie. Ivan Ivanovitch n'avait pas le temps de satisfaire ceux qui désiraient prendre encore un verre. Les Ostiaks se pressaient avidement autour de lui, se poussaient l'un l'autre ; par-ci par-là s'échangeaient des injures en ostiak. Ita se battait avec un autre jeune homme ; les deux gars, se tenant à genoux l'un devant l'autre, se tiraient mutuellement par leurs longues nattes. Syre et le sotski, en les regardant, riaient comme des fous, on entendait des chansons ; un peu à l'écart résonnait la *dombra* (instrument de musique) ; des voix de femmes accompagnaient assez harmonieusement le musicien.

Ailleurs on dansait, on criait, quelqu'un pleurait!... Qu'était donc devenue la résolution des Ostiaks, de réserver avant tout l'argent de l'impôt, et de ne conclure en général qu'un marché raisonnable? Mais est-ce que les enfants de la nature peuvent venir à bout d'accapareurs expérimentés et tenir ferme contre les pièges qui leur sont tendus? Avec leur simplicité enfantine et leur confiance, il leur est bien difficile de ne pas succomber à la tentation.

Ivan Ivanovitch était fatigué; de plus, tout ce train commençait à l'ennuyer. Ayant donné l'ordre de serrer le restant des marchandises, il jeta un coup d'œil expert sur les pêcheurs, calcula ce qu'il leur fallait encore boire pour perdre tout à fait la raison et demanda en gros une quantité correspondante de poisson. Puis il leur livra un baril d'eau-de-vie et un autre de rhum et s'en alla dormir dans son bateau, après avoir donné l'ordre aux ouvriers de l'éveiller lorsque tout le poisson aurait été mis dans les tonneaux et salé.

Les Ostiaks, hommes et femmes, s'assirent autour des barils chers à leur cœur, et ils continuaient à s'abreuver dans des tasses en écorce de bouleau; parmi eux se trouvaient même quelques enfants. Nieniaï et Ezé, toutes les deux, parées de leurs nouveaux colliers, se retirèrent bras dessus, bras dessous, dans leur hutte; beaucoup de jeunes filles et d'enfants s'en allèrent de même dans leurs logis respectifs, tandis que, du côté des buveurs, retentissaient longtemps encore les éclats de voix, les rires et les hurlements.

Le lendemain, à une heure assez avancée, les ouvriers éveillèrent Ivan Ivanovitch. Tout était prêt pour le départ; même les barils vides étaient replacés dans le bateau. Le vent était favorable, on avait déployé les voiles. Ivan Ivanovitch jeta

Le vent était favorable, on avait déployé les voiles.

sur tout le coup d'œil du maître afin de s'assurer que tout était dans l'ordre, regarda avec mépris les sauvages endormis qui gisaient là où le hasard les avait fait tomber, et les bateaux levèrent l'ancre. Nieniaï, Ezé et quelques autres jeunes filles ostiakes qui pêchaient à la ligne virent la petite caravane s'éloigner, en emportant avec elle tout le gain des Ostiaks....

CHAPITRE III

UNE PETITE HÉROÏNE

NOUVELLES ALARMANTES. — L'ÉLAN. — UNE PASSE DIFFICILE.
— POUR UNE VIE NOUVELLE !

L'un après l'autre s'éveillaient les sauvages, tombés là la veille. Niantynia avait un tel mal de tête qu'elle ne put travailler de la journée ; Syre et le sotski, revenus à eux, furent longtemps à comprendre ce qui leur était arrivé et pourquoi, au lieu de dormir dans leurs huttes, ils se retrouvaient couchés en plein soleil, assez loin de leur camp. Tous se sentaient malades, comme brisés ; tous avaient la conscience de s'être mal conduits la veille. Ils regrettaient le poisson cédé à vil prix ou échangé contre l'eau-de-vie. Que leur restait-il en retour ? Cinq ou six sacs de farine avec des bagues de cuivre et des colliers de perles fausses. Et où était l'argent pour payer les impôts ? Les Ostiaks s'abîmaient dans d'amères réflexions.

Nieniaï préparait la soupe au poisson lorsque son père et sa mère s'approchèrent du feu.

— Les affaires sont mauvaises, ma fille, dit

Syre : maintenant, nous n'aurons plus de gros poisson ; comment vivrons-nous ?

— Que faire, père? répondit la jeune fille.

Et pour le consoler, elle continua d'un ton enjoué:

— Eh bien ! nous pêcherons chaque jour du petit poisson ; nous creuserons une fosse pour prendre quelque gros animal ; en hiver, tu tueras un ours ; nous aurons ainsi de quoi nous nourrir jusqu'au printemps ; au printemps la rivière charriera les glaçons avec le poisson mort qui s'y attache, nous nous occuperons de l'enlever, puis viendra la nouvelle pêche.

Le vieillard se gratta la tête, et la famille se mit à dîner. Les arguments de Nieniaï n'avaient consolé ni ses parents ni sa sœur. Ils savaient trop bien ce que c'était que de souffrir de la faim en hiver. On mangeait en silence. Ezé regardait les femmes ostiakes qui arrivaient de tous les côtés auprès de leurs feux et se mettaient à préparer le repas. Tout à coup, la fillette se redressa et, indiquant du doigt la forêt, poussa légèrement sa sœur. De la lisière on vit sortir Iabeï qui s'approcha du foyer. Syre reçut amicalement son hôte.

— Qu'y a-t-il de nouveau? demanda-t-il, lorsque Iabeï eut pris place entre lui et Nieniaï.

— Pas grand'chose de bon, répondit le chasseur.

— Est-ce vrai que des étrangers sont venus dans notre pays chercher de l'or?

— C'est vrai ; dans deux rivières, ils ont trouvé du sable d'or ; je leur ai indiqué moi-même la troisième.

— Pourquoi ? demanda Syre, tout surpris.

— Parce qu'ils l'auraient tout aussi bien trouvée eux-mêmes, et comme cela, j'ai gagné un sac de farine et trois roubles en argent pour payer l'impôt.

— Comment ferez-vous donc pour vivre ? interrogea curieusement Syre.

— Comment ferons-nous ? On nous a complètement repoussés. Nos dix familles, dont les iourtas se trouvaient dans votre voisinage, ont toutes reculé vers le nord, au loin. Moi aussi, j'ai délogé. Maintenant je me trouve à deux fois 24 heures de marche de vous. Nous avons quitté nos iourtas, et nous voilà obligés d'en construire d'autres ; c'est une ruine complète. L'automne est proche, nous irions à la chasse des petits animaux, tandis qu'il nous faut préparer une installation nouvelle.

— Comment les as-tu rencontrés, les étrangers ? Que disent-ils ?

— Je me dirigeais vers la rivière pour chasser l'élan, quand j'aperçus tout à coup une fumée épaisse qui montait. Je crus que c'était quelqu'un des nôtres ; je m'approchai donc et j'aperçus une dizaine de Russes assis autour d'un feu, en train de cuire leur dîner. Je voulus me cacher, mais l'un d'eux, le maître probablement ou quelque chef, se mit à m'appeler si amicalement en me faisant des signes, que je m'avançai. Il se trouvait parmi eux un interprète. Ils me demandèrent qui j'étais et où je demeurais. Je me gardai bien de leur déclarer mon nom, et quant à ma iourta, je dis seulement qu'elle était fort éloignée et j'indiquai du doigt une toute autre direction. Ils s'enquirent alors s'il y avait dans le pays beaucoup de Vogoules et d'Ostiaks. Je répondis que je n'allais pas chez les Ostiaks; quant aux Vogoules, il n'y en avait pas du tout; et je désignai le sud. Je ne sais s'il m'ont cru ou non, mais ils se sont mis à me questionner sur l'or, sur les rivières. Je leur en ai indiqué une.

— Eh bien! qu'est-ce qu'ils t'ont dit encore? demanda Ezé.

— Ils m'ont dit d'annoncer aux nôtres et aux Ostiaks qu'ils auront du travail à leur donner, soit pour creuser la terre, soit pour faucher l'herbe. Ils payeront bien et quant aux passeports, ils n'en exigent pas; ils ne demanderont même pas où demeure l'ouvrier ni comment il s'appelle.

— Qu'est-ce que c'est donc? n'ont-ils pas assez de leurs gens à eux?

— Ils en ont assez, mais ils appellent les nôtres parce que ceux-ci connaissent mieux le pays.

— Et comment comptes-tu agir, Iabeï?

— Mais comme tous les autres. Ecoute : dès que je leur eus indiqué la rivière et que j'eus reçu mon payement, j'ai couru chez les nôtres. J'ai fait le tour de toutes les iourtas, j'ai tout raconté à chacun. Et chacun m'a dit :

« — Quoi? est-ce que notre liberté nous pèse? C'est lorsque nous serons prêts à mourir de faim, que nous nous ferons ouvriers des Russes. »

Ils ont dit cela, puis ils se sont mis à pleurer d'avoir à quitter le pays natal, et ils se sont dirigés vers le nord. Nous partions, craignant que les

Russes ne nous rencontrent, ne découvrent nos familles. Moi, quoique seul (à ces mots Iabeï jeta un regard sur Nieniaï), je ne suis pas resté en arrière des nôtres; j'ai aidé mes voisins à porter les enfants. En un seul jour, nous mîmes nos effets dans un traîneau; nous y plaçâmes les petits et — en route! Oh! les cris, les pleurs des femmes! Songez donc! quitter les iourtas natales, où ont vécu nos pères et nos aïeux, abandonner les forêts et les rivières qui nous ont nourris tant d'années!... Maintenant là vie ne sera plus la même par ici, les bêtes fuiront, les hommes se mettront à fouiller la terre.

Iabeï pencha tristement la tête. Son récit avait attiré les auditeurs des feux voisins. L'un des premiers était Ita. Il envisageait les choses autrement que la plupart des Ostiaks et des Vogoules. Un travail tout nouveau, une nourriture toute prête et de l'argent, — cela lui semblait fort agréable. Il dit qu'il irait le premier travailler chez les Russes et questionna Iabeï pour savoir où les trouver. On lui fit promettre de ne rien révéler ni sur lui-même, ni sur ses voisins.

Une heure plus tard, Ita prenait congé de ses voisins et se mettait en route. Le récit de Iabeï aux Ostiaks avait détourné leurs idées de la misère qui les menaçait. La nouvelle passait de bouche en bouche; tous parlaient des Russes, ces hôtes survenus sans qu'on les eût invités et qui dans leurs forêts s'étaient mis à faire les maîtres, comme si les vrais maîtres n'eussent pas existé.

Mais ce ne furent pas là toutes les nouvelles du jour.

Tout à coup apparut parmi les Ostiaks le chaman Khaptchanda-Iankou. Il arriva pâle, essoufflé, avec une expression de terreur sur tout son visage. Il se mit à parler d'une voix saccadée et entrecoupée de sanglots. Les Ostiaks l'entourèrent, et ils l'écoutaient, retenant leur souffle. Il parlait des chercheurs d'or russes.

— Ils sont parvenus jusqu'à nos cavernes, ils ont détruit notre temple, outragé nos dieux et les ont brûlés, gémissait-il.

Les Ostiaks furent indignés.

— Nous ne touchons pas à leurs églises... nous n'insultons par leurs dieux... pourquoi donc eux...

Le chaman éclata en sanglots. Des murmures se faisaient entendre dans la foule, elle s'agitait. Khaptchanda-Iankou reprit haleine et continua :

— J'ai tout vu moi-même... Je ne sais comment j'ai pu rester vivant... Je les observais depuis longtemps... en entendant des coups de hache et de joyeuses chansons, j'allai de ce côté et je grimpai sur un arbre. Je regardai, il y en avait beaucoup, une quinzaine d'hommes ; ils allumaient un feu ; à côté d'eux, on voyait de la viande séchée, du gruau, aussi du pain et du sel. Oh ! comment les dieux leur permettent-ils de vivre avec tant de luxe ! J'ai passé toute la nuit sans bouger, sur l'arbre ; je les ai vus manger, boire de l'eau-de-vie et se coucher. Le lendemain, de grand matin, ils partirent et laissèrent là le feu

sans l'éteindre. Notre forêt natale brûlerait sans
moi. Il faisait du vent, les étincelles tombaient
sur les branches sèches des arbrisseaux voisins.
Je jetai de la terre sur le foyer, qui s'éteignit,
puis je les suivis de loin pour apprendre ce que
c'étaient que ces gens-là et pourquoi ils étaient
venus. Pendant trois jours, ils allaient d'un endroit à l'autre, s'approchaient des rivières, y pui-
saient, tout au fond, de l'eau avec du sable qu'ils
examinaient, creusaient des fosses sur la rive, en
recueillaient du sable qu'ils lavaient, puis mettaient dans les fosses des poteaux. Je compris
alors ce qu'ils cherchaient. Le troisième jour,
vers le soir, ils s'approchaient de nos cavernes.
Là, mon cœur se glaça. Je grimpai sur un pin
élevé, et je les observai sans les quitter des yeux.
Ils pénétrèrent en rampant dans la caverne : je
les entendis crier et rire aux éclats, puis ils tirèrent dehors nos dieux. Ils s'emparèrent des ser-
viettes et des étoffes qui enveloppaient les images
divines ; ils mirent également dans leurs poches
les ornements et l'argent qui garnissaient la
bouche et les yeux de nos idoles, et ils jetèrent
dans le feu ces dieux ainsi dépouillés. Lorsque les
flammes environnèrent ceux à qui nous adres-
sions nos prières et qui nous étaient si bienveillants, mon cœur saigna ; il me sembla que le
pin, sur lequel je me trouvais, tremblait et s'inclinait ; je m'évanouis ; lorsque je revins à moi, il
faisait nuit. Je m'approchai à pas de loup de la
caverne et j'y jetai un coup d'œil. Les impies dormaient. Je me refusai à les suivre plus longtemps

et je me dirigeai vers l'ouest. Là, je rencontrai le Vogoule Laatcha (1). Sur eux aussi le malheur s'est abattu; on y a découvert des mines de cuivre; des Russes sont venus, ont construit une usine. Laatcha avec sa femme et tous leurs parents sont partis vers le nord-est. Seront-ils heureux là-bas? Je n'en sais rien, mais c'est douteux : le climat y est rude, le gibier n'y abonde pas. Et cependant, impossible de se réfugier ailleurs. A l'est, au sud et à l'ouest ont apparu des Russes. Au sud de notre temple, j'en ai rencontré encore un groupe d'une dizaine d'hommes ; je me suis caché aussi de ceux-là. Pendant une semaine entière, je ne me suis nourri que de baies et d'un morceau de viande de renne que m'avait donné Laatcha. Je ne suis pas revenu chez moi et je n'y reviendrai jamais plus. Pourquoi vivrais-je là où ils ne sont plus, les dieux que je servais ? Il faut trouver une autre patrie, façonner d'autres dieux. Nous ne pouvons pourtant pas renier complètement la religion de nos aïeux. Les Vogoules de l'ouest ont été, eux, plus prudents que nous. Laatcha m'a dit qu'ils avaient caché d'avance leurs dieux dans une fourré impénétrable, et moi, je ne me suis pas avisé d'en faire autant. C'est ma faute à moi !

Il se mit à s'arracher les cheveux et resta longtemps à sangloter. Les assistants se tenaient autour de lui dans un recueillement silencieux.

Toute cette journée, le chaman la passa avec

---

(1) C'est ce même Laatcha dont les aventures ont été racontées dans la première partie de la *Russie inconnue*.

les Ostiaks ; et il offrit un sacrifice aux dieux, en les suppliant de lui indiquer un nouvel emplacement pour un temple.

C'était le dernier sacrifice offert par le vieillard. Au moment où il tombait en extase, au pied de l'idole qu'il avait fabriquée à la hâte, le sang lui jaillit de la gorge et il mourut instantanément. Les Ostiaks se trouvèrent sans chaman, sans temple et sans dieux.

En ce jour plein d'alarmes et d'inquiétudes, Iabeï, profitant d'un moment favorable, prit Nieniaï à l'écart et lui dit à voix basse :

— Je t'ai demandée en mariage, ma chère ; ton père m'a donné sa parole, mais je n'ai pas de kalyme, et ton père n'a pas de dot à te donner. C'est pourquoi nous avons décidé que je t'épouserais en cachette. Je ne veux pas enlever une jeune fille contre son gré ; c'est pourquoi je viens te dire : Consens-tu à fuir avec moi dans ma nouvelle iourta ? Je suis un garçon laborieux, nous ne mourrons pas de faim.

— J'y consens, répondit Nieniaï doucement.

— Dans ce cas, lorsque les marais seront gelés, je viendrai te chercher dans un traîneau attelé de rennes et je t'emmènerai, ma jeune ménagère. J'en ai assez de vivre tout seul.

Ils se séparèrent. Seule, Ezé s'était aperçue que Iabeï et sa sœur causaient de quelques projet mystérieux, et avait compris de quoi il s'agissait. Du reste, Nieniaï ne pensait même pas à s'en cacher. Elle fit part à sa mère de la proposition

de Iabeï, et celle-ci la communiqua au père. Syre
sourit et, joyeux, donna son approbation d'une
signe de tête.

Aux jours d'alarme succéda la monotonie de
l'existence. La majorité des Ostiaks, et avec eux
la famille de Syre, repartirent pour leurs iourtas.
Là ils passaient le temps à prendre du poisson
pour leur subsistance quotidienne, à manger et à
dormir. Les jours se suivaient et se ressemblaient
si fort qu'on aurait pu s'embrouiller dans leur
compte. Aussi bien personne ne les comptait. Peu
de temps avant l'arrivée de l'automne, lorsque la
saison fut devenue plus fraîche, Syre aperçut, à
une demi-verste de la iourta, les traces fraîches
d'un élan. Ces traces conduisaient de la forêt à la
rivière et revenaient à la forêt. Cette circonstance
fit naître dans son esprit l'idée de tendre un piège
à l'animal, comme le font les Vogoules. Ezé fut
heureuse de la décision du père, comme s'il s'était
agi d'une fête. A la fin d'août, par une journée
sereine et ensoleillée, Syre, Niantynia, Nieniaï,
Ezé et quelques voisins se rendirent avec des
bêches et des haches dans la forêt. Ils s'arrêtèrent
devant la iourta, la dernière du paoul, où l'on
apercevait les traces de l'élan. Deux Ostiaks se
mirent à couper des branches longues et flexibles,
tandis que le sotski, Nieniaï et Ezé en formaient
une haie entre les troncs d'arbres, que Syre avec
deux de ses voisins creusait une fosse de deux à
trois mètres de profondeur et que Niantynia, aidée
des autres femmes, prenait du poisson et prépa-

rait le repas. La haie devait longer la rive sur un
espace de deux verstes, avec cinq intervalles ou
passages, par où l'animal pourrait se rendre à
l'abreuvoir. Les vrais chasseurs, les Vogoules,
font des haies de cinq à quinze verstes de long
avec des passages à chaque quarante ou cinquante mètres. Syre et ses voisins creusèrent des
fossés tout près des passages.

Cette besogne plaisait à Ezé plus que la pêche,
d'abord, parce qu'on pouvait ainsi travailler à
l'ombre, ensuite parce qu'elle aimait la forêt plus
que la rivière. Lorsque le vent bruissait dans les
rameaux, que les bouleaux flexibles s'inclinaient,
il semblait à Ezé qu'ils se saluaient l'un l'autre,
qu'ils se murmuraient quelque chose. Qu'un petit
animal passât à côté d'elle en courant, Ezé se
mettait à songer :

« D'où venait-il? où allait-il ? cherchait-il une
proie ou était-il déjà rassasié? »

Un insecte bourdonnait-il autour d'elle, Ezé se
posait de nouvelles questions :

« Comment les dieux l'avaient-ils créé? Pourquoi vivait-il? Pourquoi sa vie était-elle si courte? »

Mais tout cela n'empêchait pas la fillette de
travailler : les pensées sont les pensées, et le
travail est le travail. Elle ne reste pas en arrière
des grands, elle ne retarde pas leur ouvrage. La
besogne qu'elle exécute — la partie inférieure de
la haie — attire l'attention du sotski; il donne des
éloges à la petite fille, il lui passe la main sur la tête.

Le travail dura plusieurs jours, et lorsque la
haie et les fosses furent prêtes, les Ostiaks héris-

sèrent le fond des trappes de pieux aigus et de couteaux, et les recouvrirent de branchages et d'herbe pour que l'animal ne s'aperçût pas du traquenard. En outre, au-dessus de chaque fosse, on avait incliné la cime de l'arbre le plus proche et on y avait fixé une lance. Cette cime était maintenue par une corde ou une courroie dont l'autre bout allait par-dessus la fosse s'attacher au tronc d'un arbre situé au delà. De cette façon, l'animal, en venant se heurter contre la corde ou la courroie, la tend et attire ainsi la cime de l'arbre, et en ce moment la lance qui y est fixée le frappe dans le côté.

Lorsque tout fut fini, les Ostiaks en éprouvèrent un vif plaisir. Ce traquenard leur avait pris bien du temps, mais au moins étaient-ils sûrs de leur calcul. L'animal, en se rendant à l'abreuvoir, devait infailliblement recevoir un coup de lance dans le flanc et tomber dans la fosse, où l'attendait une mort inévitable.

Maintenant, il ne restait plus qu'à surveiller les événements, ce dont fut chargée Ezé, qui chaque jour courait voir si la bête ne se trouvait pas dans la fosse. Près de deux semaines se passèrent dans une vaine attente. L'animal ou bien avait trouvé par hasard un autre chemin pour aller s'abreuver à la rivière, ou bien avait été effrayé par le bruit des haches et des voix humaines.

Cependant, la quantité de poisson qu'on pêchait devenait de plus en plus petite, on ne mangeait pas à sa faim. La farine que leur avait laissée Ivan Ivanovitch avait été partagée par les Ostiaks également entre eux, mais ils la gardaient pour les mauvais jours, pour l'hiver.

Et voici qu'un beau jour, vers le milieu de septembre, au moment des premières gelées, Ezé revint de sa visite à la forêt toute rayonnante et battant des mains. Dans la troisième fosse gisait un grand élan tué. Tout le paoul se précipita vers la capture. On retira l'animal du piége. Il donna une vingtaine de pouds de viande qu'on partagea également entre tous. Syre et sa famille en eurent pour leur part un poud et demi. Cet appoint eût été d'un grand secours s'il y avait eu du poisson, mais, sans poisson, il ne pouvait suffire que pour une semaine et demie environ. Les Ostiaks ne cessaient d'ailleurs de pêcher à la ligne et au flambeau, mais la proie ne mordait pas, et il arrivait parfois qu'on n'avait même pas à donner deux coups de harpon. Les mordas restaient presque vides, et quant aux filets, ce n'était même pas la peine de les jeter.

Dans les derniers jours de septembre, la terre gela, la rivière se recouvrit d'une mince couche de glace ; toute végétation en dehors des arbres verts disparut. La pêche avait cessé complètement, la viande d'élan touchait à sa fin. Les ménagères prévoyantes tiraient leur provision d'arêtes, les pilaient et les faisaient cuire en y mêlant une poignée de farine. Les Ostiaks auraient été contents de leur sort s'ils avaient pu avoir une semblable nourriture durant tout l'hiver, mais la provision d'arêtes et de farine n'était pas bien grande non plus.

Syre et Niantynia se prirent à songer que, les marais étant déjà gelés, il était temps que Iabeï vînt chercher Nieniaï, d'abord pour qu'elle ne souffrît pas de la faim cet hiver, et ensuite pour qu'il n'y eût plus dans la hutte que trois bouches au lieu de quatre. Nieniaï elle-même faisait ses préparatifs pour le mariage. Elle mit ensemble son linge et ses vêtements, soigneusement lava, raccommoda le tout, et en fit un petit paquet. Le fiancé ne se laissa pas attendre longtemps. Un matin que la neige commençait à tomber, Nieniaï entra tout émue dans la iourta, embrassa fortement sa mère, donna un baiser à sa sœur, salua son père et, prenant son paquet, quitta doucement la maison.

Furtivement, afin de n'être pas aperçue par les voisins, Nieniaï se rendit sur la lisière du bois. Là, Iabeï l'attendait. Il fit monter sa fiancée dans un traîneau long et étroit, l'enveloppa de la tête aux pieds avec des peaux de renne, lui sourit et l'emporta à fond de train dans sa nouvelle demeure. Ni le père, ni la mère, ni la sœur ne sortirent pour accompagner Nieniaï, bien qu'ils sussent très bien ce que signifiaient ces adieux qu'elle leur faisait sans mot dire : les usages voulaient qu'ils affectassent d'ignorer la disparition de leur fille. Vers le soir, les parents, en présence des voisins, firent semblant de remarquer son absence. L'alarme fut donnée dans le paoul, on chercha dans toutes les iourtas, puis on courut sur la lisière de la forêt où l'on aperçut les traces à peine visibles d'un traîneau. Tous comprirent de quoi il s'agissait.

Selon la coutume, le père, accompagné de quelques voisins, aurait dû s'élancer à la poursuite du ravisseur, sinon pour reprendre sa fille, du moins pour fêter dignement son mariage. Mais Syre ne pouvait pas le faire; il n'y avait ni traîneau, ni rennes dans le paoul; quant à marcher à pied quarante-huit heures, dans cette saison si rude, le vieillard ne pouvait s'y résoudre Les voisins comprirent sa situation et ne le blâmèrent pas; du reste ils avaient deviné qui était le ravisseur et ils félicitèrent Syre d'avoir trouvé un aussi bon gendre.

Quoique la famille de Syre ne comptât plus ainsi que trois bouches, la provision de farine et d'arêtes s'épuisait rapidement; il fallut se résoudre à ne faire la soupe qu'une fois par jour et plus tard même tous les deux jours. Les autres habitants du paoul mouraient également de faim. La neige couvrait la terre à la hauteur de plus d'un mètre et demi, il gelait à pierre fendre et, pendant le froid, la faim se faisait sentir plus fort. On allait sur la rivière, on brisait la glace pour pêcher, mais quel poisson trouve-t-on en hiver? Le peu qu'on en prenait ne faisait qu'exciter l'appétit au lieu de l'apaiser.

On végéta ainsi durant tout le mois d'octobre. Tous se trouvaient affaiblis par la faim, quelques-uns tombèrent malades; la farine d'Ivan Ivanovitch ne fit que contribuer au développement de la maladie. L'un des Ostiaks ayant tué un ours, les voisins affamés se précipitèrent comme une

On allait sur la rivière, on brisait la glace...

troupe d'animaux dans sa iourta. La proie fut immédiatement déchirée en morceaux, on avalait la viande presque sans mâcher. Puis il fallut de nouveau souffrir de la faim. Syre n'avait plus une pincée de farine, et il courut dans le paoul voisin pour trouver n'importe quoi.

Les Ostiaks songèrent aux chercheurs d'or qui les avaient engagés à venir travailler chez eux; mais en ce moment revint Ita; il déclara qu'en hiver il n'y avait rien à faire là-bas, qu'il fallait attendre le printemps. Ces paroles ne soulagèrent guère les Ostiaks. Il avait apporté un pain et un demi-poud de gruau; l'un et l'autre furent distribués en un clin d'œil. Il avait aussi de l'argent, mais pas beaucoup, parce qu'il dépensait une partie de son gain en buvant avec les Russes, les jours de fête. Il offrit à ses voisins tout ce qu'il avait et s'en alla lui-même aux mines pour échanger son argent contre de la farine. On attendait son retour comme une fête. Ezé et sa mère n'avaient pas mangé depuis trois jours. Elles s'étaient fortement serrées le ventre avec des courroies, pour ressentir moins vivement les exigences de leur estomac, et restaient étendues sur des bancs sans bouger. Syre revint enfin de son voyage, grelottant, accablé de fatigue, et il jeta sur le plancher un morceau de renne. Sa femme et sa fille se précipitèrent avidement sur ce morceau et se mirent à le déchirer avec leurs dents.

— Les voisins n'ont, eux aussi, absolument rien, dit Syre : deux d'entre eux sont déjà morts; en outre, la petite vérole s'est déclarée chez eux. Ils ne sont pas plus heureux que nous.

Ita revint à son tour et rapporta trois sacs de farine. On la divisa en trois parts égales; pour les augmenter, les Ostiaks allaient chercher dans la forêt des écorces d'arbres qu'ils pilaient et mélangeaient avec la farine. De cette pâte on préparait des galettes : on n'en mangeait qu'une fois par jour, et encore juste assez, non pour satisfaire sa faim, mais seulement pour conserver la vie. Tous les enfants âgés de moins de sept ans moururent. Le typhus de la famine se déclara aussi chez les adultes. Syre et Niantynia tombèrent malades de la petite vérole et succombèrent; l'épidémie avait également gagné les autres iourtas. Chaque jour, on enlevait des morts. Ceux qui se portaient bien fuyaient sans savoir où. Ezé faillit devenir folle de terreur et de chagrin. Ita la fit sortir par force de sa iourta, en l'engageant à s'enfuir à la mine.

— Tu es une enfant, lui dit-il, on t'accueillera et on te réchauffera. Il y a là un Ostiak, qui est gardien et qui comprendra notre langue. On te nourrira jusqu'au printemps, et alors nous verrons ce qu'il y aura à faire. Je me rendrai, moi aussi, à la mine. Si quelqu'un des nôtres survit, tu reviendras dans le paoul; sinon, tu t'en iras rejoindre Nieniaï et tu vivras avec elle.

Ezé l'écoutait sans trop comprendre.

Il continua :

— Vingt verstes ne sont pas si longues à parcourir, tu iras bien jusque-là. Et comme, de mon

côté, je vais aux usines, je t'accompagnerai jusqu'à mi-chemin.

On se mit en route. Quoique Ita ne marchât
pas trop vite, en tenant Ezé par la main, il était
presque obligé de la tirer après lui. Et quand il
voyait la fillette à bout de forces, il la prenait
dans ses bras. Ils étaient partis le matin à l'aube,
et une heure avant midi ils se trouvaient à mi-
chemin. Là, Ita alluma un feu, réchauffa la fillette, lui fit manger un morceau de galette et lui
expliqua la route à suivre. Il ne la laissa pas trop
longtemps auprès du feu, afin qu'elle pût arriver
à la mine avant la nuit.

La fillette ne pouvait s'égarer : le long de la
route les arbres étaient abattus et on apercevait
des traces de traîneaux et des sabots de chevaux.
La seule chose qui l'effrayait, c'était l'idée des
étrangers chez qui elle se rendait. Elle marchait
lentement, à contre-cœur, par suite de la peur
incompréhensible que lui inspiraient ces étrangers, ses protecteurs futurs. Il y avait là, il est
vrai, un Ostiak, mais il pouvait se trouver absent.
Et cependant le froid se faisait sentir; il lui
piquait la figure et, pénétrant à travers ses méchants vêtements, lui glaçait le corps. Les idées
d'Ezé se troublaient; elle ne pensait qu'à la faim,
à la maladie et à la mort de ses proches.

Après avoir franchi à peu près cinq verstes, elle
se sentit accablée de fatigue et transie de froid.
Près d'elle se trouvait une souche recouverte de
neige; elle s'assit et se mit à songer; des larmes
montèrent à ses yeux. Elle se souleva pour conti-

nuer sa route, mais elle ne se sentit aucunement reposée, elle avait envie non seulement de s'asseoir, mais de se coucher.

— C'est égal, pensa-t-elle, — j'arriverai encore assez tôt chez les étrangers, j'aime mieux me reposer.

Et elle s'étendit sur un tas de neige moelleux. Cependant le gel continuait son œuvre : il fendait les troncs d'arbres, tuait les oiseaux au vol, engourdissait les membres d'Ezé. Le sommeil commença à la gagner ; elle s'assoupit et vit en songe son père et sa mère malades ; la voilà qui va et vient dans la iourta, tantôt donnant à boire aux malades, tantôt remettant du bois dans la cheminée, tantôt préparant des galettes d'écorce, en y ajoutant une petite poignée de farine.

Tout à coup elle entendit au loin un tintement de sonnailles.

— C'est Nieniaï qui arrive avec ses rennes pour me chercher, pensa Ezé.

Et elle sourit. Puis elle perdit connaissance...

Une semaine se passa. Ezé revint à elle dans une chambre propre et chaude, dans un lit moelleux, avec du linge bien blanc sur elle. Elle se mit à regarder avec étonnement autour d'elle. Devant la fenêtre se tenait un homme aux longs cheveux (1), vêtu de vêtements traînants. Ezé eut peur tout d'abord ; mais lorsqu'il se tourna vers elle en souriant, elle le reconnut et se sentit très contente. C'était le pope qui, chaque hiver, ve-

____
(1) Les prêtres russes ne se font pas couper les cheveux.

nait dans les iourtas des Ostiaks, baptisait les
enfants, célébrait les mariages et disait l'office
des morts pour les défunts qu'on avait enterrés.
Il s'approcha de la fillette et lui dit dans sa langue
en souriant :

Elle le reconnut et se sentit très contente. C'était le prêtre qui, chaque hiver,
venait dans les iourtas...

— Eh bien! maintenant, remercie le ciel de
t'avoir conservé la vie. Je t'ai ramassée à temps
sur la route, tu as manqué mourir de froid. Tu
as eu un commencement de fièvre, mais la *matouchka* (1), ma femme, s'entend très bien à traiter
les fièvres, et elle t'a sauvée.

____

(1) C'est-à-dire la mère.

— Et les nôtres? demanda Ezé qui se rappela subitement tout ce qui s'était passé.

Le pope fit un geste de résignation.

— Ne me le demande pas, répondit-il. Il faut croire que ceux-là seuls ont échappé à la mort qui ont pu fuir les iourtas et trouver un abri chez de bonnes gens.

Ezé n'avait jamais vu auparavant la femme du pope; mais lorsqu'elle vit entrer dans la chambre une dame d'un certain âge, corpulente, à la physionomie empreinte de bonté, elle devina tout de suite en elle celle qui l'avait sauvée.

La matouchka donna à Ezé une assiette de soupe au poisson et un morceau de pain. La fillette était frappée de voir qu'en plein hiver on pouvait manger du poisson, et qu'il y avait au monde du pain aussi bon. Du reste tout ce qui l'entourait l'étonnait. La chambre même, le lit, les chaises, la table, tout cela égayait les regards; mais elle aurait donné volontiers tout cela pour l'existence famélique qu'elle menait dans la iourta avec son père, sa mère et son camarade d'enfance Poote. Elle était bien traitée, bien nourrie, et elle se remit rapidement. Lorsqu'elle se sentit assez forte pour travailler, elle demanda la première au pope ce qu'elle ferait maintenant, car elle s'ennuyait de rester oisive.

— Tu vas étudier, lui répondit le prêtre. Ces jours-ci je te conduirai à la ville dans l'asile.

— Qu'est-ce que c'est que cela, étudier? demanda Ezé.

Le pope le lui expliqua en ajoutant :

— Fais attention, étudie bien. Il y a des gens qui disent que les Ostiaks sont stupides, qu'ils sont incapables d'apprendre ; prouve-leur donc qu'ils en sont capables, qu'ils ne sont pas plus stupides que les autres.

C'était encore du nouveau pour Ëzé. Elle se sentit offensée dans ses frères, et se promit bien d'apprendre mieux que les petites filles russes.

— Et après, lorsque j'aurai fini d'étudier et que j'aurai quitté l'asile, pourrai-je revenir de nouveau chez les miens ? demanda-t-elle.

— Lorsque tu auras terminé tes études, tu pourras faire ce que tu voudras, aller où bon te semblera, lui répondit-on.

Ezé ressentit une grande joie et se dit à part soi :

— Je prouverai d'abord que les Ostiaks ne sont pas des sots, puis je m'en retournerai chez les miens.

De nouvelles énergies s'éveillèrent dans l'âme de l'enfant ; sa tête se remplit d'une foule d'idées neuves.

— Pourquoi considère-t-on les Ostiaks comme des êtres stupides ?

Elle se posait cette question à laquelle elle répondait elle-même :

— Probablement parce qu'ils vivent autrement que les Russes.

Ezé se mit à observer la vie des Russes jusque dans ses moindres détails, d'abord dans la maison du pope, puis dans l'asile et dans les maisons des dames bienfaitrices, qui l'emmenaient chez elles pour y passer les jours de fêtes. Ezé apprit bien vite à parler le russe et elle étudiait très bien. On lui prodiguait des éloges, on la disait capable. C'était la meilleure récompense pour elle.

Plus elle étudiait, plus elle apprenait et observait, et plus l'opinion que les Ostiaks étaient des simples d'esprit lui paraissait injuste.

— On nous déclare stupides, décida-t-elle enfin dans son for intérieur, parce que nous connaissons peu de chose, que nous nous laissons exploiter par chacun, que nous ne savons pas nous défendre.

Cependant le temps marchait rapidement. Les années s'écoulèrent d'une manière insensible pour Ezé, tout en lui apportant beaucoup de savoir et d'expérience. C'était la dernière année qu'elle passait à l'asile. Elle était maintenant une jeune fille à l'extérieur agréable que les jeunes gens russes regardaient avec plaisir. Mais Ezé ne faisait attention à personne ; elle restait fidèle à sa résolution de retourner chez les Ostiaks.

Une fois, par une belle journée d'été, qui se trouvait être une fête, Ezé allait de l'asile chez une des dames où elle avait l'habitude de passer les fêtes. En traversant la place du marché, elle aperçut tout à coup un homme qu'elle connaissait, un des siens. Il se tenait devant une boutique, et vendait quelque chose. Elle se dirigea vers lui, presque en courant.

— Ita, c'est toi ! s'écria-t-elle en ostiak, en lui saisissant la main.

Celui-ci la regarda d'abord avec surprise, puis

instantanément, une expression de joie profonde
et cordiale se répandit sur tous ses traits.

— Que tu es devenue grande et belle! fit-il, en
l'examinant de la tête aux pieds.

Ezé s'aperçut qu'Ita, de son côté, s'était trans-
formé, du garçon chétif qu'il était, en un homme
à l'aspect mâle et vigoureux. Les deux compatriotes avaient bien des choses à se dire; ils
entrèrent dans le jardin public et prirent place sur
un banc de gazon, dans un coin ombragé.

— Et moi, je t'ai cherchée partout, commença
Ita; n'ayant pu te trouver, je me suis dit que tu
avais dû périr alors en route. On ne t'avait pas
vue à la mine. En été, je suis allé chez Nieniaï,
mais elle ne savait rien de toi. J'avais beau interroger tout le monde, personne ne put me rensei-
gner. Que de reproches me suis-je faits pour
ne t'avoir pas accompagné jusqu'aux mines
mêmes!

Ezé sourit et lui raconta tout ce qui lui était
advenu.

— Voilà ce que c'est! c'est que je n'ai jamais
rencontré le pope; j'étais toujours absent lorsqu'il arrivait. Je me le rappelle maintenant, les
nôtres me racontaient bien quelque chose sur le
pope et sur toi, mais je ne pouvais rien comprendre à ce qu'ils me disaient. Est-ce qu'il leur
avait mal expliqué la chose, ou bien qu'ils
l'avaient mal compris? — Mais ils me faisaient un
vrai conte, auquel il m'était malaisé d'ajouter
foi.

— Eh bien! comment vont les nôtres? Notre

paoul existe-t-il encore? Le batiouchka (1) me dit chaque fois que tout va bien là-bas.

Ita eut un geste de découragement.

— Tout y est comme par le passé, dit-il. Il est vrai que nous n'avons plus eu à supporter des désastres tels qu'à l'époque où j'ai dû t'arracher par force de la iourta; mais comme autrefois, on dépense la pêche en boisson, on souffre la faim en hiver, les enfants meurent en quantité. Cela va mal! Et ce qui est arrivé alors, c'est terrible. Au printemps, avant de me rendre à la mine, je suis venu voir ce qui se passait dans le paoul. En même temps que moi revinrent quelques-uns des nôtres qui avaient aussi quitté le pays. Nous n'avons pas trouvé âme qui vive, rien qu'une infection qui se répandait dans tout le paoul. C'étaient les cadavres qui pourrissaient sans sépulture. Nous avons creusé une grande fosse et nous y avons mis tous les morts ensemble : vieillards, jeunes gens et enfants. Nous avons élevé un haut monticule pour marquer la place où sont couchés nos martyrs. Le vent y a sans doute apporté des graines, de sorte que maintenant de jeunes arbres s'élèvent sur cette colline.

Ezé l'écoutait, les larmes aux yeux. Ita continua :

— Nous avons ouvert toutes grandes les portes des iourtas, pour les aérer, mais on ne pouvait pas quand même y vivre. Je partis pour les mines; ceux qui se mirent à pêcher construisirent des

---

(1) Le père, le prêtre.

huttes loin des iourtas. Ce n'est qu'en automne que nous retournâmes de nouveau au pays. Nous avions peur, dans les premiers temps ; du grand paoul il ne restait presque personne.

— Et sais-tu, Ita, interrompit la jeune fille, que tout ce terrible désastre est survenu, parce que nous ne savions pas comment agir, que nous n'avons demandé secours à personne, fait savoir. à personne qu'un tel malheur s'était abattu sur nous ? J'ai appris maintenant bien des choses, je me suis informée de tout auprès de bonnes gens. Il existe un moyen de se défendre contre la famine : ici, à la ville, se trouvent des magasins à blé appartenant à la couronne, où l'on peut en emprunter, c'est-à-dire en prendre à crédit. A la première apparition d'une maladie, nous pouvons demander un médecin ; il est obligé de venir et de nous traiter comme les autres, puisque nous aussi, nous payons des impôts à l'État. Et les Ostiaks, eux, mouraient sans rien dire. Ici, à la ville, ils n'ont appris la catastrophe que lorsque tout était fini.

Ita regardait Ezé avec surprise. Elle ne s'en aperçut pas et continua.

— En outre, les Ostiaks doivent apprendre à ne pas échanger le poisson contre l'eau-de-vie, mais à le vendre pour de l'argent ; et non pas à vil prix, mais aux prix que le vendent les pêcheurs russes. Il faut apprendre à ne pas se laisser tromper par un Ivan Ivanovitch, et à rester seul maître de son bien. Lorsque les Ostiaks sauront tout cela, leur existence deviendra tout autre. Je connais maintenant toutes les autorités, et je sais, pour chaque affaire, à qui on doit s'adresser. Je montrerai aussi à mes compatriotes comment il faut se défendre en cas de besoin.

Ita était de plus en plus émerveillé par l'intelligence et le savoir de sa compatriote. Après s'être extasié sur son extérieur, il admirait maintenant son intelligence et ses qualités morales.

— Seulement, nous sommes peu nombreux à présent, fit-il d'un ton triste.

— Et combien? demanda Ezé.

— Il n'y a plus que six iourtas d'occupées. Parmi les vieillards, il n'est demeuré que le sotski et son frère, ce qui fait deux iourtas; la mienne est la troisième, et trois jeunes gens se sont mariés avec des Vogoules et ont occupé trois autres iourtas. La tienne reste barrée, et tous les instruments de pêche sont là: personne n'y a touché.

Ezé se mit à réfléchir, Elle comprenait qu'étant femme, elle ne serait pas écoutée par ses compatriotes; pour l'œuvre qu'elle avait conçue, il fallait un homme — père, frère ou mari — un homme, en un mot, grâce auquel elle pourrait exercer de l'influence sur les autres. Une idée subite lui passa dans la tête : elle rougit et demanda d'un air confus à Ita :

— Dis donc, pays, tu n'es pas marié encore, et tu travailles toujours dans les mines?

— Je ne suis pas marié et je travaille toujours chez les autres, répondit-il...

Et à son tour il demanda :

-- Pourquoi?

— C'est que je te croyais devenu maître chez toi, fit Ezé, toute troublée.

— Vois-tu, repartit Ita d'un ton grave, je suis seul, cela m'ennuie de rester seul dans ma iourta. Dans ma jeunesse, j'avais une mauvaise réputation : on me disait paresseux, dépensier... c'était peut-être vrai. Quelle brave fille m'aurait donc épousé alors, surtout après cette affaire de l'ours? J'ai passé pour un voleur alors. Seulement, en dehors de cette histoire, je n'ai jamais rien pris et je me suis repenti tout de suite de ma mauvaise action. Lorsqu'on la sut et qu'on m'interrogea, j'eus honte et je niai. Je voulais, après le jugement, porter ce maudit ours auprès de votre iourta ; mais cela ne me réussit point, je dus tout avouer...

— Cesse donc de parler du passé! Il est temps de l'oublier.

— Il est vrai que mes voisins et payses l'ont oublié depuis longtemps ; maintenant toute jeune fille m'épouserait, quoique je n'aie pas de domicile, et que je sois comme un vagabond, mais c'est moi qui ne trouve personne à mon goût.

Il devint pensif et se détournant un peu, il ajouta comme à part soi :

— Si c'était une jeune fille comme Ezé qui voulût de moi, je quitterais immédiatement toutes les mines et je deviendrais un bon père de famille. Mais Ezé ne voudrait pas de moi, fit-il tout haut, en se tournant de nouveau vers elle : Ezé n'est plus une Ostiake...

— Ezé est une Ostiake, interrompit la jeune fille avec vivacité. Ezé ne pense qu'à retourner chez elle, à sa rivière, à sa forêt ; Ezé épousera volontiers Ita, s'il lui promet de vivre et de travailler parmi les Ostiaks, s'il veut l'aider à leur apprendre ce qu'elle a appris elle-même.

Ita se sentit ravi et faillit se mettre à danser comme un enfant. Ezé continua :

— Je sais qu'Ita est bon et généreux, qu'il est prêt à partager son dernier sou avec ses voisins. Je ne trouverais pas de meilleur mari qu'Ita.

Lorsque le premier élan de sa joie fut passé, Ita demanda d'un ton grave à la jeune fille :

— Alors, quand?

— Au printemps prochain, viens chercher ta fiancée, répondit Ezé.

Et elle prit congé de son compatriote.

Ezé étudia le dernier hiver, avec une ardeur encore plus grande que par le passé et obtint la première récompense. Ita, après avoir travaillé dans les mines et les usines tout l'été et une partie de l'hiver, ne dépensa pas un sou en boisson. De retour dans le paoul, il se mit à faire de sa iourta un bon petit nid où Ezé pourrait se reposer à son aise.

Le printemps leur apporta de la joie à tous les deux. Ils furent heureux.

TABLE DES MATIÈRES

LA RUSSIE INCONNUE

DANS LES NEIGES

ILDIA

CHAPITRE I

ÉGARÉS DANS LA TOUNDRA[1] !

A LA RECHERCHE DES RENNES. — UNE TOURMENTE DE NEIGE.
— UN SOMMEIL DANGEREUX.

Sur la lisière d'une forêt, au bord du fleuve Obi, se sont abritées quelques iourtas de Samoyèdes. En été, ces iourtas se mirent dans l'eau calme de l'Obi; en hiver, la neige les ensevelit jusqu'aux fenêtres, et recouvre leurs toits comme des bonnets.

C'était en janvier. Il régnait une gelée de Sibérie, une gelée de 40 degrés (2), qui fait éclater les

(1) Plaines marécageuses des régions arctiques.
(2) De Réaumur, par conséquent, 50 degrés centigrades.

troncs d'arbres, craquer les murs des iourtas, tomber les oiseaux en plein vol.

Par une journée brumeuse, l'alarme venait d'être donnée dans la cour de la iourta qui se trouvait au bout de cette espèce de village; chez son jeune maître, Ildia (1), une paire de rennes avait disparu. Ildia attela vivement à un léger traîneau quatre rennes, afin de suivre immédiatement les traces des fugitifs.

Ildia n'avait que dix-sept ans. Il était de taille moyenne, carré des épaules, avec des bras et des jambes ramassés et une grosse tête, supportée par un cou trop court. Sa face brune était large et plate; il avait le front petit, les pommettes saillantes, les yeux noirs et étroits, les cheveux durs et noirs, les oreilles et la bouche grandes, les lèvres fines. Lorsque le jeune homme souriait, il découvrait des dents blanches et régulières, et sa figure laide s'éclairait d'une gaîté si bonne, qu'on ne pouvait s'empêcher de le regarder avec plaisir.

Le frère d'Ildia, Sinti (2), âgé de douze ans, qui, de même que son frère aîné, avait le teint brun, les yeux et les cheveux noirs, mais, avec cela, le visage ovale et une jolie bouche, se tenait sur le toit de la iourta et, armé d'une longue perche, il nettoyait la cheminée, comblée par la neige la nuit dernière. Sinti jetait de temps en temps des regards d'envie sur son frère. Il aurait volontiers

----

(1) Ildia signifie littéralement *vieillard*.
(2) Sinti veut dire *complot*.

changé de travail avec lui. Il aimait à soigner les
rennes et encore plus à voler dans un traîneau
attelé de ces animaux.

La petite cour, entourée d'une haie, était maintenant tellement encombrée de neige, que cette
haie disparaissait; seuls, des bouts de branches
indiquaient sa place, avec une solive qui était
tout ce qu'on voyait de la porte cochère. D'un
côté de la cour, sous un auvent, s'abritaient quelques brebis et porcs; à l'opposé s'élevait la iourta,
construite avec des poutres, et assez semblable
à une chaumière de paysans russes, mais avec
une porte tellement petite, qu'on ne pouvait entrer
qu'en se courbant. La neige aurait depuis longtemps envahi cette porte, si Ildia et Sinti ne
l'avaient rejetée régulièrement. Cela donnait à
l'entrée l'aspect d'un couloir découvert avec des
parois en neige. Dans la iourta étaient pratiquées
trois petites fenêtres avec des châssis sans traverses, et des vessies de bœufs en guise de carreaux.

Ildia et Sinti achevèrent leur besogne en même
temps. Sinti bondit du toit sur un tas de neige, se
roula comme une toupie jusqu'auprès de son
frère et, riant et se secouant, sauta sur pied tout
contre le traîneau. Ildia regarda avec tendresse
son cadet, qui esquissa une grimace larmoyante
et proféra avec un accent suppliant :

— Ildia, emmène-moi dans la toundra.

— Eh bien ! soit. Tu entretiendras le feu et tu
prépareras la nourriture.

Sinti se mit à sauter de joie et à battre des

mains. Les deux frères se dirigeaient vers la iourta pour mettre leurs vêtements de voyage, lorsqu'ils furent arrêtés par une voix étrangère :

— Ildia, où vas-tu? fit un vieux Samoyède, maigre et voûté.

Il passait près de la iourta du jeune homme et s'était arrêté devant la solive qui marquait la place de la porte cochère. Sa face ridée était sombre ; ses cheveux blancs et durs se hérissaient comme les poils d'une brosse. Ildia fut frappé par l'apparition du vieillard : c'était le sorcier, que tout le monde redoutait. Sinti s'était enfui dans la iourta dès qu'il avait entendu sa voix.

Le sorcier demeurait seul dans la forêt, dans une iourta isolée, et il ne venait dans le village que pour ses affaires de sorcellerie. Il n'élevait pas de rennes, ne s'occupait ni de chasse, ni de pêche et ne vivait que de ce que lui rapportait son métier de sorcier.

Ildia se taisait. Il ne voulait pas s'entretenir de sa peine avec le vieillard. Ce silence irrita le sorcier. Il s'appuya de ses deux mains sur son bâton noueux et ses yeux verts jetèrent un regard courroucé de dessous leurs sourcils touffus, sur le jeune homme.

— Pourquoi te tais-tu, Ildia? lui dit-il. Est-ce que tu veux me cacher quelque chose ? Je sais tout. Tu as perdu tes rennes et tu t'en vas à leur recherche ; mais c'est inutile.

Ildia fut très surpris et il s'approcha du sorcier.

— Il faut toujours que j'aille les chercher, oncle

Todibey (1), répondit-il, je n'ai pas de père ; il n'y a que moi pour prendre soin de la maison.

— Je sais que tu es un gars laborieux, que tu mènes bien tes affaires ; mais ton père valait mieux que toi. Il n'oubliait pas le vieux Todibey et avant d'entreprendre une affaire quelconque, il ne manquait pas de me consulter.

— Nous étions plus riches, lorsque mon père était là, répondit Ildia.

— Vous n'êtes pas pauvres maintenant non plus, objecta Todibey. Vous avez là sous l'auvent des porcs et des brebis ; il y a là de quoi partager avec moi. Un luxe pareil ne se trouve pas chez tous les Samoyèdes.

— Je suis d'avis de chercher d'abord moi-même mes rennes, fit timidement Ildia.

Le vieillard jeta un regard moqueur sur le jeune homme et se mit à rire d'une voix tellement stridente, qu'Ildia tressaillit.

— Oncle Todibey, ne te fâche pas, dit-il avec un accent de prière.

— Je ne me fâche pas, mais je te dis d'avance que tu ne te passeras pas de moi. Tu feras un voyage inutile, puisque tu reviendras sans avoir rien trouvé. Et c'est encore à moi que tu seras obligé de t'adresser ; c'est moi que tu prieras de t'indiquer l'endroit où se trouve ce que tu as perdu.

— C'est cela, si je ne les trouve point, je te prierai

---

(1) Todibey veut dire *sorcier*. — *Oncle* est un terme de respect ou d'amitié que, dans le peuple russe, on adresse même à des étrangers.

de me le dire, oncle, fit Ildia, en s'acheminant vers la iourta.

Todibey lui cria :

— Tu es entêté, prends garde de n'avoir pas à t'en repentir ! N'oublie pas que dans trois jours ton mariage doit se célébrer. Tu t'en vas dans la toundra ! Là, on ne sait pas ce qui peut arriver ! Pourvu que ta fiancée n'ait pas à te pleurer !

Ildia tourna la tête:

— « Noum » (1) ne le permettra pas ! fit-il en indiquant le ciel. Ses « lokhets » (2) m'assisteront.

Todibey le menaça du poing. Il disait à tout le monde qu'il n'était lié qu'avec les « todebzio » (3), et défendait de rappeler en sa présence le nom de Noum et de ses lokhets. En grondant sourdement, il continua sa route, tandis qu'Ildia rentrait précipitamment dans la iourta.

Les petites fenêtres garnies de vessies l'éclairaient médiocrement. Le feu qui brûlait dans la cheminée projetait de pâles traînées de lumière sur les murs en poutres tout noircis d'une couche de suie, sur les bancs placés le long des murs, sur le plancher en terre recouvert de mousse sèche et des peaux de rennes. Sur une étagère on apercevait de la vaisselle, sur les bancs s'amoncelaient des vêtements divers et des peaux de rennes qui servaient de literie à la famille. Il

---

(1) Noum est le créateur de l'univers, le dieu principal des Samoyèdes.
(2) Les lokhets sont les bons génies.
(3) Mauvais génies.

n'y avait pas de poêle dans la iourta, la cheminée en tenait lieu. Elle se trouvait dans un angle de la iourta et était construite avec des branchages enduits d'une couche d'argile, de même que le tuyau. Près de la cheminée, dans le mur, on avait percé, en outre, une petite ouverture pour laisser échapper la fumée. On la bouchait avec un petit billot enveloppé d'un chiffon, et on la débouchait lorsque le tuyau s'engorgeait. Toutefois, en dépit du tuyau et de l'ouverture, des tourbillons de fumée se dégagent souvent de la cheminée et remplissent la iourta. C'est ce qui occasionne les maux d'yeux, dont souffrent un grand nombre de Samoyèdes.

Lorsque Ildia entra dans la iourta, Sinti et la mère, la vieille Mianda (1), étaient accroupis devant la cheminée. Dans un chaudron, suspendu au-dessus du feu, bouillait quelque chose que la mère remuait avec un bâton. Sinti avait déjà passé ses vêtements de voyage.

Ildia commença à s'habiller à son tour. Il chaussa des bottes en peaux de rennes, d'une longueur telle, qu'elles lui tenaient lieu de pantalon, et les noua en haut et au-dessous des genoux avec des courroies. En outre, il mit une chaussure de feutre comme celle que portent les paysans russes. Par-dessus une grosse chemise en toile, Ildia revêtit une *malitza*, sorte de tunique cousue de peaux de rennes superposées, l'une poil en dedans et l'autre poil en dehors. Il la serra à la taille

---

(1) Mianda signifie *sapinière*.

avec une ceinture de cuir, ornée d'une boucle en cuivre. A cette ceinture il suspendit un couteau et un petit sac contenant un caillou, un briquet et de l'amadou. Il ne lui restait plus qu'à revêtir une longue pelisse en peaux de rennes, des moufles, un haut bonnet de fourrure et à s'envelopper la tête dans un bachlyk, aussi en peau de renne ; mais en ce moment Mianda ôta le chaudron du jeu et le posa sur un billot de bois placé au milieu de la iourta.

La famille s'accroupit autour du chaudron et se mit à manger, sans pain ni sel, le *bourdoun*, un gruau clair à l'huile de poisson. Sinti aimait beaucoup ce mets et en puisait avec appétit une cuillerée après l'autre. Lorsque le chaudron se trouva vide, Mianda l'enleva, et posa sur le billot trois poissons crus gelés et trois couteaux. Chaque membre de la famille prit dans la main gauche un poisson, dans la droite un couteau et se mit à racler la chair et à la manger. Ce fut là tout le repas. Ildia était pressé : avec l'aide de sa mère et de son frère, il plaça dans le traîneau une boîte avec un fétiche, une hache, un bois de renne, une tente de campagne, c'est-à-dire plusieurs perches avec des peaux de rennes, une brassée de bois, de branchages et de mousse sèche ; un chaudron, un morceau de viande de renne et une poignée de gruau, nouée dans un chiffon. Les jeunes Samoyèdes mirent alors leurs pelisses et leurs bonnets, ils montèrent dans le traîneau, et les rennes agiles les emportèrent à travers la forêt dans la toundra.

La famille s'accroupit autour du chaudron et se mit à manger.

14

Les voilà hors de la lisière de la forêt, laissant derrière eux les pins, les sapins et les cèdres. En avant s'étendaient des broussailles dont la cime émergeait à peine de la neige. De loin en loin, ils rencontraient des aulnes et des trembles rabougris et parfois un bouleau difforme et tordu, qui avait l'air de ramper sur la neige. Les rennes couraient toujours plus loin vers le nord. Voilà que les derniers arbres disparurent peu à peu, les broussailles mêmes restèrent en arrière ; on ne découvrait plus aucune trace de végétation. Ildia et Sinti entrèrent dans l'immense plaine de neige. Nulle part, où que les deux frères tournassent leurs regards, ils n'en apercevaient la fin.

Pas une habitation, pas un arbrisseau, pas un être vivant : ni oiseau dans l'air, ni quadrupède sur la terre. Seule, autour d'eux, s'étend la neige blanche ; au-dessus de leur tête, le ciel gris. Sinti regarde en avant ; il voudrait discerner au moins une seule tache sombre dans le lointain, mais non, on ne voit que la neige, rien que la neige. Au nord la toundra s'abaisse vers l'océan Glacial, aussi désert, aussi froid qu'elle-même. A l'ouest elle s'appuie sur le versant de l'Oural ; à l'est, elle se déroule jusqu'au Kamtchatka.

Les deux frères se dirigent vers le nord. Les rennes semblent à peine effleurer la neige, le léger traîneau vole. A gauche, les monts Ourals profilent sur l'horizon leurs dentelures grises, qui se confondent avec les nuages. Un silence glacial règne, comme si la mort était l'unique souveraine de ce désert. Seul, le vent parcourt librement l'espace, en soulevant des tourbillons de neige. Le froid dans la toundra est encore plus vif que dans les endroits boisés, — le vent plus âpre. Sinti est transi; il s'enveloppe plus étroitement dans son bachlyk, se serre contre son frère, et se couvre d'une peau de renne. Un coup de vent soulève la neige et l'éparpille sur les rennes et les voyageurs. Et ils volent toujours dans le désert tout blanc. Des collines surgissent devant eux. Les rennes tournent tout à coup vers ces collines.

— Eh! c'est l'envie de manger qui leur vient! fit Ildia en les laissant aller à leur gré.

Ils gravirent la première colline et s'arrêtèrent. Cette colline était recouverte de neige de tous les côtés; seul, le sommet en restait nu par places, offrant ailleurs une mince, mais solide croûte de neige durcie, semblable à du verre, qui s'était crevassée : dans ces plaques nues, ainsi que dans les crevasses de la croûte, apparaissait le lichen d'Islande. Les animaux se mirent à le brouter.

— Ne seras-tu pas d'avis de dresser ici notre tente? demanda Sinti.

Son frère eut un sourire.

— Tu as donc bien froid? fit-il ; eh bien! moi aussi je me chaufferais volontiers. Mettons-nous à la besogne.

Les deux frères tirèrent du traîneau les perches, les enfoncèrent dans la neige en forme de carré, avec deux barres en dessus, et couvrirent ce carré avec des peaux de rennes, en laissant au sommet une ouverture pour la fumée. La tente était prête. Sinti y apporta les branchages et le bois, tandis qu'Ildia les disposait au milieu de la tente, et après avoir tiré le caillou, le briquet et l'amadou, il battit le briquet et alluma le feu. Les branchages flambèrent, la fumée monta vers

Dans les crevasses de la croûte apparaissait le lichen d'Islande Les animaux...

l'ouverture supérieure. De chaque côté du foyer Sinti étendit, pour lui et pour son frère, une peau de renne, et Ildia suspendit au-dessus du feu un chaudron, qu'il attacha à la barre d'en haut. Faute d'eau, le récipient fut rempli de neige. Dans un angle de la tente on plaça la boîte avec l'idole. Ildia en souleva avec respect le couvercle et en sortit avec plus de respect encore le fétiche qui était considéré comme le protecteur de leur famille ; c'était une grossière image en bois, longue de 0^m40 à peu près. Le fétiche avait la tête pointue ; de petits clous brillants remplaçaient les yeux ; une raie indiquait le nez, une fente tenait lieu de bouche. Les bras et les jambes étaient marqués par des traits. En guise de vêtement, l'idole était entortillée dans une serviette à broderie rouge et à franges. Ildia la plaça sur la boîte en l'appuyant contre la paroi de la tente.

— Notre bon dieu, se mit-il à prier, aide-moi à retrouver les rennes perdus. Indique-moi de quel côté les chercher.

A ces mots, le jeune homme prit un morceau de viande de renne et en frotta les lèvres du fétiche, puis il posa la viande devant lui en disant :

— Accueille mon sacrifice et viens-moi en aide!

Pendant ce temps, Sinti regardait fondre la neige dans le chaudron. Lorsque son frère eut achevé de prier, il demanda :

— De quel côté irons-nous chercher les rennes?

— J'irai tout seul, et toi tu entretiendras le feu ici. Il y a des collines du côté où se lève le soleil, — et il étendait le bras vers l'est ; — il y en a aussi par-là, vers le Grand Océan, — et sa main montrait le nord. Les rennes ne peuvent se trouver ailleurs que sur les collines. Ils ont eu sans doute envie de goûter au lichen frais dans la toundra même. Ildia devint pensif.

— Où iras-tu donc? vers l'Océan ou bien du côté où le soleil se lève? reprit Sinti.

— C'est ce que m'indiquera le dieu, notre protecteur.

Ildia jeta un regard sur le fétiche et sortit de la tente. Il alla chercher dans le traîneau le bois de renne et le disposa sur la neige de façon à former un cercle. Au milieu de ce cercle il plaça le caillou et par-dessus, en forme de croix, la hache et le briquet, puis il se mit à courir et à sauter autour du bois de renne. Sinti avança la tête hors de la tente et regardait avec curiosité Ildia courir jusqu'à ce que le briquet eût glissé par terre. Alors les deux frères se précipitèrent en avant pour voir de quel côté il était tombé.

— Il est tombé vers la mer, s'écrièrent les deux frères à l'unisson.

— Donc, les rennes sont là, — ajouta Ildia; c'est là qu'il faut aller. C'est la direction que nous a indiquée notre protecteur.

Ildia rentra dans la tente, enveloppa avec un grand respect le fétiche dans un chiffon propre, et le replaça dans la boîte, où se trouvaient aussi les offrandes qu'on lui avait faites à des époques diverses : une cuiller neuve en bois, une peau de zibeline, un petit oiseau desséché et une monnaie de cuivre.

Cependant, dans le chaudron, la neige s'était transformée en eau ; cette eau s'était échauffée, commençait à bouillir. Sinti y jeta un peu de gruau et appela Ildia. Les deux frères mangèrent du gruau clair, puis le morceau de chair de renne, qui avait été offert d'abord au fétiche ; ils se chauffèrent devant la flamme, et Ildia partit à la recherche de ses bêtes, tandis que Sinti restait là, pour entretenir le feu et voir si les rennes, se laissant guider par la fumée, ne se dirigeraient pas vers l'habitation humaine. L'enfant gravit la colline et suivit des yeux les rennes, qui emportaient son frère de plus en plus loin de la tente, là où la grande mer agite et charrie les glaçons. D'abord, il distinguait nettement et les rennes, et le traîneau avec le voyageur, puis tout se réduisit à une tache sombre ; finalement, la tache même disparut : Ildia était hors de vue.

Sinti parcourt toutes les collines dans le voisinage desquelles est dressée la tente, regarde autour de lui : sur l'immense plaine de neige on n'aperçoit âme qui vive. Sinti est seul. L'enfant a peur, quoiqu'il n'y ait là personne qui puisse lui faire du mal. Les hommes sont loin, et la bête de la forêt ne viendra pas dans le désert : elle n'a rien à faire là. Pas de butin pour elle ! Plus haut, sur les glaces de l'Océan du nord, c'est le règne des ours blancs, mais eux aussi n'apparaissent que dans les golfes ; ils rôdent sur les rivages, mais ne pénètrent pas dans la toundra : sans eau et sans poisson, ils ne pourraient vivre. Sinti sait tout cela, et cependant il promène des regards craintifs autour de lui.

Il se fait tard. La neige se met à tomber. Le vent augmente de violence. L'enfant se réfugie dans la tente, — puisque aussi bien on n'aperçoit plus rien au dehors.

Où que l'on jette les yeux, on ne voit que de gros flocons qui tournoient et, comme d'un brouillard, couvrent la plaine, la dérobent à la vue.

Sinti est assis devant le feu et il écoute le vacarme de la tempête qui parcourt librement l'espace et, comme animée d'une sorte de courroux, soulève des tourbillons de neige et les éparpille en nuages de tous les côtés. Des récits terrifiants lui viennent à l'esprit, sur les gens ensevelis sous la neige, gelés dans le désert, sur les « todebzios » les mauvais génies, qui leur cachent là route, les égarent dans la toundra et sont heureux de tourmenter l'homme. Le feu brûle à peine. Sinti ménage le combustible.

Il comprend que, s'il épuise toute la provision qu'ils ont emportée, il ne pourra trouver nulle part une branche ni une brindille; le feu s'éteindra et son frère n'aura pas de quoi se chauffer. Sinti demeure là et ne songe qu'aux todebzios qu'il craint de voir se glisser furtivement auprès de lui. Qu'un coup de vent arrive, qu'il lance contre la paroi un monceau de neige, qu'il agite une peau de renne, et l'enfant croit que ce sont les todebzio qui lui jouent un de leurs tours.

Le feu projette des lueurs rouges sur la figure effrayée de l'enfant et scintille en points brillants dans ses yeux noirs. Le visage de Sinti, ses bras, ses vêtements, tout paraît rouge. Même les parois de la tente, les peaux de rennes ont pris aussi une teinte pourprée. Et cependant, dans la toundra s'est déchaînée une terrible tempête. Le vent fait rage comme s'il voulait creuser le désert jusque dans ses fondements, le sillonner, le percer de part

en part. Sinti tremble de peur. Ah! qu'est-ce donc?
il semble que quelqu'un ait soufflé d'en haut...
et là, de côté... par la tente, entre les peaux de
rennes, un sifflement s'est fait entendre... encore,
et encore,... la paroi de la tente a remué, c'est le
vent qui, se promenant dans l'espace, frôle en
passant l'habitation de l'homme.

— Todebzio! s'écria Sinti.

Et, saisi de terreur, il s'enveloppa la tête dans
une peau de renne.

— Noum! créateur de l'Univers! aie pitié de
moi!... se mit à prier l'enfant; mais il s'arrêta
immédiatement.

On ne doit rien demander à Noum; on ne lui
offre pas de sacrifices propitiatoires. Noum sait
lui-même ce qu'il faut envoyer à l'homme; il sait
quand le récompenser et quand le punir.

— Lokhets! bons génies! assistez-moi! ne me
livrez pas aux todebzios! sauvez-moi de la mort...
priait Sinti.

Ah!... qu'est-ce que c'est? Quelqu'un a légèrement frappé Sinti à la tête. Il jette un regard
effrayé de ce côté. C'est une peau de renne qui, en
se repliant en arrière, l'a frôlé, et en voilà une
autre, à côté, qui s'agite aussi. Oh! toute la paroi
se meut... Le regard de Sinti reste rivé sur cette
paroi.

— Lokhets! lokhets! protégez-moi!

L'enfer se déchaînait dans la toundra. La tente
vacillait. Le vent avait ébranlé une paroi, en avait
replié une autre, avait lancé dans le brasier un
monceau de neige. On entendit le pétillement du

feu qui s'éteignit. Sinti se leva brusquement. Il fit retomber les peaux de rennes repliées, en assujettit l'extrémité inférieure avec des chevilles et jeta dans le feu des brindilles et de la mousse. Ses mains tremblaient, ses dents claquaient comme dans la fièvre. Les brindilles se mirent à pétiller, la fumée s'éleva en une mince colonnette vers l'ouverture ; des langues de feu jaillirent du brasier. La tente s'illumina comme d'un reflet d'incendie. Et le vent sifflait et faisait rage autour d'elle, et il semblait à Sinti que quelqu'un lui soufflait au visage et voulait le remuer avec ce souffle...

Brusquement, tout se tut... et le sifflement, et le bruit, et ce souffle terrible semblèrent s'être envolés quelque part dans le lointain, se confondirent avec les hurlements de la toundra... Mais cela ne dura qu'un instant. Un coup de vent ébranla la tente. Les perches craquèrent ; deux parois s'inclinèrent et tombèrent dans le brasier avec fracas. Le feu s'éteignit ; un tourbillon de neige passa au-dessus de la tente, ensevelissant les parois écroulées et le foyer éteint.

Sinti devint livide de terreur. L'ouragan fit vaciller les autres parois de la tente. De la poitrine de Sinti s'échappèrent un gémissement et un cri sourd : Todebzios ! L'enfant se mit à courir dans le désert, sans savoir où il allait. C'était comme si une étincelle s'était allumée dans son âme ; il était tout en feu. Sa peur avait disparu, faisant place à une force et à une énergie incroyables. Il courait, rapide comme un renne, en dépit du vent, de la tempête, des tourbillons de neige qui s'élevaient autour de lui. Il semblait provoquer au combat la toundra terrible, avec ses horreurs, ses todebzios, avec tout l'enfer qui planait et régnait maintenant sur son immense étendue.

Sinti courut ainsi pendant quelques dizaines de mètres : le souffle lui manqua. Il s'arrêta, reprit haleine, essaya de regarder autour de lui. Mais il était entouré de ténèbres : la neige l'empêchait de voir, le vent le renversait. Il était plus difficile de se tenir debout que de courir. On ne distinguait rien. Les traces laissées par les rennes et le traîneau des deux frères se trouvaient maintenant balayées ; sur l'espace uni auparavant s'élevaient des monceaux de neige, se creusaient des fosses, comme si un pied d'homme n'avait jamais passé par là.

Sinti cherche à s'orienter pour retrouver l'emplacement de la tente détruite et la direction qu'il faut prendre pour atteindre la forêt et les iourtas. Le courage ne l'abandonne pas.

— Lokhets, assistez-moi ! prie-t-il en continuant de courir.

Le vent tantôt le chasse en avant, tantôt le renverse. Mais s'il tombe, il se relève rapidement et se remet à courir de nouveau. Voici un monceau de neige ; Sinti y entre jusqu'aux genoux et peut à peine s'en tirer ; voici qu'il s'enfonce dans un trou, trébuche et s'étend tout de son long. Le vent se glisse dans ses manches et son collet, lui cingle la figure, le couvre de neige.

L'enfant court ; il cherche à lutter contre le vent et la neige, mais la lutte est inégale, il sent que ses jambes ne sont plus aussi légères qu'auparavant. Le voilà qui s'enfonce de nouveau dans la neige. A peine s'est-il relevé que le vent le rejette de côté. Il faut lutter presque à chaque pas et ses forces faiblissent. Le gel lui pique le corps en dépit de ses vêtements chauds. Sinti est essoufflé, il respire de plus en plus difficilement. Ses jambes ne lui obéissent plus. Chaque fois qu'il tombe, l'enfant sent qu'il ne peut se relever qu'au prix d'efforts inouïs. Ses membres sont endoloris, la fatigue l'accable. Il ne peut plus courir. Tout entier à son idée d'atteindre la forêt et les iourtas, il avait commencé à aller assez vite, mais peu à peu son pas se ralentit.

Le temps marchait. Une heure environ s'était écoulée depuis que Sinti s'était enfui de la tente. Il faisait nuit noire. L'enfant avançait à grand'-peine. Son espoir d'atteindre la forêt commençait à s'évanouir. Retourner auprès de la tente lui était également impossible. Il ne pouvait plus calculer maintenant la direction où se trouvait le feu qu'il avait allumé, l'endroit où il s'était séparé de son frère. Le courage qu'il ressentait d'abord fit place à la tristesse, au regret des iourtas familières, de sa cheminée flamboyante, du coin chaud sur le banc, sous une peau de renne.

— Que peut bien faire en ce moment Ildia? pensa tout à coup Sinti, qui remuait à peine ses jambes de fatigue. Peut-être a-t-il eu peur et refusé de continuer sa route pendant la tempête.

Il aura laissé les rennes brouter le lichen et, renversant le traîneau, se sera couché par-dessous en s'abritant d'une peau de renne, pour laisser passer la tempête. La neige couvrira le traîneau : Ildia aura chaud et ne sera pas inquiété par le vent. Et peut-être aussi, pensait l'enfant avec douleur, est-il revenu maintenant auprès de la tente où il ne trouvera ni le feu ni son frère... Il se mettra à me chercher... Puis les rennes l'emporteront chez nous. Ils connaissent le chemin, ne craignent pas la tempête...

Sinti eut tout à coup envie de crier à travers la toundra : — Ildia, Ildia, je suis là !

— Ah ! cette forêt, l'atteindrai-je bientôt? Mais on ne voit rien, non seulement dans le lointain, mais à deux pas devant soi !

Cependant, le froid et le vent faisaient leur œuvre. Sinti avait d'abord frotté ses membres transis de froid, maintenant il ne le pouvait même plus... Il était tout à fait épuisé. Encore une demi-heure se passa. La tempête cessa, le vent s'apaisa. Sinti eut un sourire triste. Maintenant il serait facile de marcher, mais ses jambes ne pouvaient plus remuer...

— Je suis fatigué, dit tout doucement l'enfant, je vais me reposer !

Il se coucha pour quelque temps sur un monceau de neige, puis se remit de nouveau en route.

Le temps s'est rasséréné, les flocons de neige ne tournoient plus dans l'air, la lune surgit et éclaire le désert. Sinti regarde. Autour de lui apparaît de nouveau, dans toute sa netteté, l'immense plaine de neige, où règne, comme auparavant, un silence de mort. On eût dit que la tempête qui avait passé par là n'avait été qu'un pénible rêve.

— Où est donc la forêt? pense l'enfant.

De la forêt on n'aperçoit nulle tracé. On ne voit même pas de broussailles. Dans le voisinage se trouvent des collines, mais Sinti n'y jette même pas un regard. Il n'en a que faire, c'est la forêt qu'il lui faut.

— Maintenant on voit clair, je ne m'égarerai pas, j'y arriverai bien. Pourvu que je me repose un peu !...

Ses jambes se raidissent, ses bras aussi, le sommeil engourdit ses membres, il ne sent plus le froid. Sinti est couché sur la neige. Il ne ressent plus ni fatigue, ni douleur; sa tristesse a disparu, il ne pense plus à la forêt. Autour de lui, la neige jette des étincelles et il semble à Sinti qu'il se trouve dans sa iourta, auprès du feu et que, la tête appuyée contre l'épaule de sa mère, il écoute le conte des héros et des princesses métamorphosés en zibelines.

Les paupières de Sinti sont baissées; sa pâle figure s'est allongée; il fait des songes dorés... La lune brille d'une lumière éclatante; la figure de Sinti respire la tranquillité; il est immobile; autour de lui s'étend le tranquille désert de neige...

CHAPITRE II

LA RENTRÉE DES RENNES

———

— Seigneur, grand Noum ! qu'est-ce donc ?
s'écria Ildia, en arrivant à l'endroit où se trouvait
sa tente.

A sa place se dressait un monceau de neige,
comme si un tombeau venait de s'élever sur
l'emplacement qu'Ildia avait quitté si peu de
temps auparavant.

— Sinti ! Sinti !...

' Le jeune homme était au désespoir. Son frère
n'apparaissait nulle part, ne répondait pas à son
appel. La lune répandait une clarté vive, la neige
étincelait, la vue portait au loin, mais nulle trace
de Sinti.

— Est-ce que la toundra aurait enseveli ici mon
frère ? pense Ildia, en regardant le tombeau de
neige.

Une perche en émerge : le jeune homme la
saisit. Il faut au plus vite rejeter la neige,
sauver Sinti, il n'y a pas un instant à perdre. La

physionomie d'Ildia respire la douleur et en même temps la résolution. Ses lèvres sont serrées, ses sourcils froncés ; des larmes brillent dans ses yeux, mais l'énergie les illumine aussi. Il arrache la perche et, en s'aidant de cet outil, se met à la besogne. Le vent lui vient en aide, en balayant la couche supérieure de neige.

Ildia est revenu de son excursion accablé de fatigue et transi de froid. Mais que lui importe tout cela maintenant? Pourvu qu'il retire son frère de dessous la neige! Le jeune homme a été surpris par la tempête au milieu du désert et il ne sait pas s'il était ou non parvenu jusqu'aux collines du nord. Dans l'obscurité, harcelés par les flocons qui pleuvaient sur eux, poussés par le vent, les rennes tournaient dans la toundra au gré de la tempête. Parfois, ils trébuchaient et tombaient; ou bien ils renversaient le traîneau avec le voyageur, ou, s'arrêtant tous à la fois, ils respiraient péniblement. Les diriger d'un côté ou d'un autre, Ildia ne le pouvait ni ne l'osait, parce qu'il avait perdu toute idée de la direction où se trouvait le nord ou le sud; il avait confiance dans l'instinct des animaux et les laissait aller à leur gré.

Une fois Ildia, tombé du traîneau, eut grand'peine à retrouver ses rennes, quoiqu'ils se tinssent à quelques pas de là ; une autre fois, il perdit les objets qu'il avait emportés avec lui; il lui fallut les ramasser en tâtonnant, et Ildia ne savait pas s'il avait tout retrouvé, car les rennes ne voulaient pas demeurer tranquilles. Plusieurs fois, il lui vint à l'esprit que ses bêtes avaient perdu leur flair, qu'il ne sortirait plus de l'enfer dans lequel il se voyait tombé, et qu'il allait périr au milieu de la neige et de la glace. Dans ces instants douloureux, Ildia se sentait content de n'avoir pas emmené son frère avec lui. Il pensait:

— Sinti est maintenant dans la tente, auprès du feu. Il a chaud et il est tranquille! Quel bonheur qu'il soit là-bas, et non pas à côté de moi!

Les rennes n'en pouvaient plus et marchaient à peine pas à pas. Ildia se sentait engourdir par le froid et le vent.

— Je vais périr de froid, pensait-il; comment mon frère fera-t-il pour revenir à la maison ?

Mais la tempête s'apaisa, le ciel redevint serein ; — la tranquillité rentra aussi dans l'âme d'Ildia, les rennes se firent plus dociles. Le jeune homme reconnut qu'ils couraient toujours dans la même direction et comprit où ils allaient. Il lui semblait déjà revoir la tente, le feu vif et la physionomie joyeuse de son frère, heureux de retrouver son Ildia vivant. La lune éclairait la route, les collines apparaissaient déjà, mais elles semblaient désertes. On n'apercevait pas la tache sombre que devait y faire la tente, non plus que la colonne de fumée tant désirée. Rien n'indiquait que là, dans cette immense plaine inhospitalière, un être humain en attendait un autre.

Mais.... étaient-ce bien les mêmes collines ? Oui! il n'en pouvait douter, il les reconnaissait trop bien et, l'inquiétude dans l'âme, il arriva auprès de l'endroit abandonné...

Maintenant, en creusant l'amas de neige, il se reproche d'avoir laissé son frère tout seul.

— Il valait mieux se trouver ensemble pendant la tempête ! pense-t-il.

Les mouvements du jeune homme sont rapides, ses forces sont triplées. En travaillant, il s'est réchauffé, il a même trop chaud. Et le vent vient de balayer encore une couche de neige de l'amas, puis une autre, une autre encore, comme s'il avait hâte de détruire son propre ouvrage, comme s'il avait hâte de montrer à Ildia qu'il cherchait son frère ailleurs qu'où il fallait le chercher.

Sous la neige légère et floconneuse s'était déjà formée une mince couche de glace. Ildia la brise et se met à l'enlever. Les peaux de rennes apparaissent, le jeune homme redresse avec peine les parois tombées. Voici un amas de bois et de branchages carbonisés : c'est le foyer éteint. Ildia est tout agité. Son cœur palpite plus fortement. Dans sa fougue, il rejette au loin tout ce qui lui tombe sous la main. Ses regards cherchent son frère. Et son frère n'est pas là. Tout l'amas de neige est fouillé, tous les objets sont rejetés au loin et Sinti reste introuvable. Les bras en tombent à Ildia.

— Todibey, s'écria le jeune homme désespéré, d'une voix étrange qui semblait ne plus être la sienne, n'est-ce pas l'un de tes tours ?

Le jeune homme se rappela la figure si méchante du sorcier, et il crut entendre encore une fois son rire, ce rire strident qui l'avait fait tressaillir dans la cour de sa iourta.

—- Noum ne le souffrira pas, dit-il pour se rassurer. Je dois chercher Sinti. A pied il lui est impossible de regagner les iourtas, il faut le rejoindre au plus vite! décida Ildia. Mais de quel côté me diriger? où est mon frère? On n'aperçoit pas ses traces, elles sont depuis longtemps balayées par la neige.

Les rennes broutaient le lichen sur les collines; Ildia s'élança vers eux. Il gravit le sommet de la première colline; non loin de lui, sur la neige, un tache noire apparaissait. Ildia se précipita de ce côté...

— Sinti!... Noum!...

L'enfant restait étendu sans mouvement. Il était pâle comme la neige et froid comme la glace. N'eût été son souffle, très faible, à peine sensible, on aurait pu croire qu'il dormait du sommeil éternel. Sous les yeux mêmes d'Ildia, le vent recouvrit Sinti, comme un défunt, d'un blanc suaire, mais pour l'enlever aussitôt.

L'aîné porta dans ses bras le cadet de l'autre côté de la colline, le posa sur une peau de renne, alluma un feu et se mit à frictionner le mourant.

La vieille Mianda est assise dans sa iourta devant le foyer. Elle attend ses fils. Elle s'ennuie sans eux. La iourta même lui paraît sombre et vide.

— Voilà déjà vingt-quatre heures passées qu'Ildia et Sinti sont partis pour la toundra, il est temps qu'ils reviennent, pense Mianda... Puis ils n'ont emporté du combustible et de la nourriture que pour vingt-quatre heures !

Mianda est assise par terre ; serrant ses genoux dans ses bras, elle regarde les charbons rouges qui peu à peu se couvrent de cendres, et prête
l'oreille sans cesse, afin de saisir le bruit des sabots des rennes, le cri des patins du traîneau, la
voix de l'un ou de l'autre de ses fils. Son ouvrage,

L'aîné porta dans ses bras le cadet de l'autre côté de la colline, le posa
sur une peau de renne, alluma un feu et se mit à frictionner le mourant.

une vieille malitza à rapiécer, est à côté d'elle par
terre. Mianda n'y pense pas — elle n'a pas le
cœur au travail en ce moment. Le chaudron bout
où cuit la soupe au poisson, les bouillons jaillis-
sent en sifflant sur le bois et les charbons.

Toute sa vie Mianda a attendu quelqu'un, toute
sa vie elle a soupiré après un absent : dès l'âge de
cinq ans elle a prêté l'oreille au bruit des pas. Dans

son enfance, elle attendait son père et ses frères revenant de la chasse, de la pêche, ou d'une excursion dans la toundra ; dans sa jeunesse, elle attendait son mari ; maintenant, elle attend ses fils. Et combien de fois n'a-t-elle pas ainsi pensé à eux, durant sa vie, la vieille Mianda, par combien de tourments, de transes n'a-t-elle pas passé !

— Tout va-t-il bien ? N'est-il rien arrivé à mes enfants ? pense encore en ce moment la vieille femme.

Et tout à coup elle se rappelle comment, il y a deux ans, son fils aîné a failli être égorgé par un ours. Heureusement qu'il fut sauvé par la Samoyède Apa (1). Elle tira une balle en plein cœur de la bête et l'étendit raide morte.

— Qu'elle était donc intrépide, cette Apa ! pense Mianda ; puisse son âme avoir trouvé la paix dans la demeure (2) de Noum. — Durant sa vie elle a abattu dix-neuf ours de ses propres mains. Mais la fièvre, l'année dernière, avait à son tour saisi Apa, et personne ne put la guérir, ni le chaman, ni Todibey, ni la guérisseuse ; — elle en est morte, la vaillante ! Oui, sans Apa, je n'aurais plus jamais revu Ildia. Pensez donc ! il avait tiré, mais son fusil avait éclaté et l'ours s'était jeté sur lui !

Et Sinti !... Sinti avait failli se noyer, périr de froid ; une fois il s'était égaré dans la forêt. Pendant trois jours, il avait été absent. Elle avait bien

---

(1) Apa signifie *sœur aînée*.
(2) Les Samoyèdes professent la religion des chamans, suivant laquelle la demeure de Noum est le soleil.

souffert, ces jours-là, la mère, en l'attendant; elle ne mangeait pas, ne pouvait même pas dormir...

Et son mari? Il y avait quelques années, Mianda était assise, comme maintenant, devant le foyer, et attendait son mari. Mais elle avait beau soupirer après son retour, il ne revenait pas. Il était parti pour la ville d'Obdorsk afin de vendre des peaux de bêtes, et il ne rentrait pas. Mianda ne savait que penser et son cœur était navré. Le jour fixé pour son retour se passa sans qu'il revînt, vingt-quatre heures s'écoulèrent, puis vingt-quatre autres. Mianda était accroupie devant son feu, préparant une soupe au poisson pour que son mari eût de quoi se réchauffer, et répétait dans dans sa frayeur:

— S'il lui était arrivé malheur !

Et en effet, c'était la triste vérité. Les voisins avaient rapporté son mari mort dans cette même iourta. Ils revenaient également d'Obdorsk, et l'avaient ramassé sur la route. Des mauvaises gens, des forçats évadés, avaient fendu le crâne au vieillard, volé son argent et ses rennes, et abandonné son cadavre sur le chemin...

Mianda, en se rappelant cet événement, poussa un profond soupir. Bien des malheurs divers, bien des infortunes de toute sorte que les Samoyèdes ont à traverser dans leur désert glacé, inhospitalier, oublié de tous, — reviennent maintenant à l'esprit de la vieille femme, pendant qu'elle attend ses fils. Elle appuie son menton contre ses genoux, ferme les yeux comme si elle sommeillait et prête, en attendant, l'oreille au moindre bruit.

Voilà que de légers petits pas résonnent dans la cour, se dirigeant tout droit vers la porte. La vieille femme se redresse... Non, ce ne sont pas ses fils !... Des bêlements de brebis se font entendre. Mianda leur ouvre la porte.

— Eh bien ! vous avez donc froid, que l'envie vous a pris de vous chauffer dans la iourta ? Entrez ! dit-elle à ses favorites.

Les brebis entrèrent en courant et s'étendirent sur le plancher.

Dès que Mianda se fut assise de nouveau auprès du feu, un bruit de pas arriva encore à ses oreilles, de pas humains, cette fois. La vieille femme jeta un regard joyeux vers la porte.

— Qui est-ce qui va entrer le premier ? Ildia ou Sinti ?

Mais la porte s'ouvrit toute grande et sur le seuil de la iourta s'arrêta le sorcier Todibey. Mianda eut peur. Todibey apportait rarement de bonnes nouvelles.

— Assieds-toi, chauffe-toi, dit-elle à cet hôte.

Le sorcier s'accroupit devant le feu et, se frottant les mains, jeta des regards d'envie sur les brebis.

— J'attends mes fils, ils doivent revenir bientôt, dit Mianda.

— Qui sait s'ils reviendront encore ? grommela Todibey d'un air sombre.

Mianda le regarda avec effroi.

— Il y a eu une tempête de neige cette nuit dans la toundra, continua le sorcier.

— Qui est-ce qui te l'a dit ?

— Eh bien ! vous avez donc froid, que l'envie vous a pris de vous chauffer
dans la iourta ?

Todibey l'avait entendu dire aux autres Samoyèdes, mais il répondit à Mianda :

— Qui est-ce qui aurait pu me révéler cela, sinon les todebzios? Ils sont toujours avec moi, ils voient tout, ils entendent tout, ils savent tout.

Mianda se sentit trembler de tous ses membres.

— Les todebzios sont en ce moment même avec moi; ils murmurent à mon oreille : « Dis la bonne aventure à Mianda sur ses fils. » Le veux-tu ? demanda l'hôte.

La maîtresse de la maison jeta un regard craintif sur Todibey et autour de lui, comme si elle espérait en effet apercevoir les todebzios ; et elle était déjà sur le point de lui dire : — « Fais-moi cette grâce, révèle-moi le mystère; où sont mes fils et que leur est-il arrivé? » lorsque des pas rapides se firent entendre, des voix sonores retentirent — la porte s'ouvrit et dans la iourta entrèrent Ildia et Sinti.

— Tiens, prends-le, réchauffe-le, il a failli geler dans la toundra! dit le frère aîné en poussant légèrement vers sa mère le cadet.

Sinti se portait bien; il ne ressentait qu'un peu de faiblesse avec un léger mal de tête; sur son corps des taches pourprées et enflées indiquaient les endroits gelés, mais à cela personne ne fit attention; les Samoyèdes en endurent bien d'autres, Sinti était un enfant aguerri.

— Ne te l'avais-je pas dit? fit d'un ton de reproche Todibey à Ildia.

— Tu avais raison, avoua Ildia d'assez mauvaise grâce.

Mianda plaça sur le billot la soupe chaude. Pendant le souper, les fils racontèrent en peu de mots à leur mère ce qu'ils avaient eu à souffrir dans la toundra.

— Eh quoi! ce n'est rien encore, en comparaison de ce qui peut vous arriver, insinua Todibey pour faire peur à la famille.

— Non, oncle, c'est assez; cesse d'être fâché contre moi! Une paire de rennes vaut plus qu'une brebis! dis-moi la bonne aventure!... Où dois-je chercher ce que j'ai perdu?

Todibey se sentit tout joyeux.

— Il n'y a pas de temps à perdre, fit-il; je m'en vais faire mes préparatifs et je reviens immédiatement.

A ces mots le sorcier se rendit dans la iourta voisine pour revêtir un costume de circonstance.

Sinti avait toujours eu peur des todebzios. Chaque fois qu'il voyait dire la bonne aventure, la terreur l'envahissait. Mais en même temps, il avait toujours passionnément désiré de pénétrer le secret de Todibey. Quelquefois l'enfant se cachait du sorcier quand il l'apercevait de loin; mais d'autres fois, tout pâle et tremblant d'effroi, il le suivait dans la iourta où devait avoir lieu la cérémonie; et là, s'asseyant dans un coin, il ne quittait pas des yeux le sorcier. Maintenant Sinti s'était couché sur un banc, avait étendu sur lui une peau de renne et, avec une impatience avide, il attendait l'apparition de Todibey, tandis qu'assis non loin de lui, Ildia et Mianda se demandaient

quelle brebis il leur serait le moins désavanta-
geux de céder au sorcier.

Todibey entra dans son costume des grands
jours. Il avait endossé par-dessus la malitza une
soumbourtcha, longue chemise en peau de chamois
avec une bordure en drap rouge et des passepoils
semblables sur les coutures. Sur ses épaules s'é-
talaient des épaulettes en drap de même couleur.
Sa tête était coiffée d'un chiffon de drap également rouge assujetti par un ruban rouge posé en
croix sur la nuque. Ce chiffon lui retombait sur
la figure. Sur sa poitrine étincelait une plaque de
métal. Dans ses mains le sorcier tenait le tambour, merveilleux, tendu d'un côté de peau de
renne et orné d'anneaux en cuivre et de plaques
en étain.

Sinti fixa ses yeux grands ouverts sur Todibey.
Et l'autre, se mettant à tambouriner avec fureur
et à chanter à haute voix, s'assit au milieu de la
iourta sur le billot. La chanson se composait d'é-
vocations mystérieuses, inintelligibles à tous,
sauf à Todibey et aux todebzios. A l'aide du chant
et des sons du tambour, il évoquait les esprits.
Sinti avait bien des fois assisté à cette scène de
sorcellerie, mais sans jamais apercevoir les todebzios. Personne, d'ailleurs, ne les avait même
entrevus, sauf Todibey lui-même. Maintenant,
comme toujours dans de parilles circonstances,
l'enfant jetait des regards attentifs dans tous les
coins sombres de la iourta, sur la porte, sous le
banc, dans la cheminée, en se demandant men-
talement par où ils allaient survenir; et il atten-

dait, il désirait ardemment d'apercevoir ces amis, ces serviteurs, ces protecteurs de Todibey. En présence de sa mère et de son frère, et en général de quelque grande personne, il les craignait moins. Le sorcier les décrivait à tout le monde comme des êtres petits, noirs, qui presque toujours sautaient, dansaient et chantaient. Il disait aussi qu'ils étaient faux, entêtés, malins, que souvent ils lui désobéissaient, le trompaient à l'aide de fausses prédictions, le mystifiaient, se moquaient de lui. Chacun croyait aux récits du sorcier, et Sinti comme les autres.

L'enfant regarde et pense :

— Puissé-je voir les todebzios, ne fût-ce qu'une seule fois!... Pourvu que je ne laisse pas passer le moment! D'où viennent-ils? et comment est-ce qu'ils dansent? et qu'arrive-t-il après? et comment se moquent-ils de Todibey?

Sinti se rappelle la peur des todebzios qu'il en a eue dans la toundra, et ce seul souvenir lui donne le frisson. Là-bas ce serait terrible! là-bas on pourrait mourir d'épouvante! Mais ici c'est tout autre chose, c'est si intéressant que Sinti est prêt à donner ses meilleurs habits, à renoncer pour longtemps à ses plats préférés, rien que pour voir quelle figure, quelle bouche, quels yeux ont les todebzios? portent-ils de la barbe et des moustaches? ont-ils de cheveux sur la tête? Todibey a dit qu'ils ressemblaient à des hommes!...

Cependant le sorcier avait cessé de battre du tambour et s'était mis à chanter d'une voix de plus en plus basse, de plus en plus traînante. Sinti écoutait et continuait à regarder attentivement. Sa pâle figure exprimait tout ensemble et la peur et l'intérêt. Peu à peu, Todibey termina ses conjurations et se mit à chanter d'un accent suppliant et ému :

— Venez, venez, esprits enchanteurs ! si vous ne venez pas auprès de moi, c'est moi qui me rendrai auprès de vous. Réveillez-vous, esprits enchanteurs ! Je vous appelle, réveillez-vous de votre sommeil !

Cette douce mélopée, et le silence qui régnait dans la iourta plongèrent tous les assistants dans la mélancolie. Sinti se mit même à accompagner Todibey. Tout à coup le sorcier poussa un cri et battit du tambour. Tous tressaillirent. Cela signifiait que les todebzios étaient arrivés. Sinti se souleva sur son banc, écarquilla ses yeux : mais où étaient donc les esprits ? On ne les voyait pas.

— Est-ce que je ne parviendrai jamais à les apercevoir? jamais?... se demandait l'enfant tout triste.

Et Todibey se mit à chanter sa conversation avec les todebzios en déclamant à haute voix ses questions aussi bien que les réponses des esprits.

Les todebzios.—Nous sommes venus! dis, qu'est-ce qu'il te faut? pourquoi as-tu troublé notre repos?

Todibey. — Le Samoyède Ildia m'a déclaré que ses rennes avaient disparu ; voilà pourquoi je vous ai évoqués.

Les todebzios. — Qu'est-ce que tu veux donc de de nous ?

Todibey. — Je veux que les rennes se retrouvent. Cherchez-les ! Trouvez-les ! et indiquez l'endroit où il faut aller les prendre.

Les todebzios. — Ha-ha-ha-ha-ha-ha !

Todibey. — Oh! esprits, ne riez pas, venez-moi en aide !

Le premier todebzio. — Cherche les rennes auprès des collines du nord dans la toundra.

Le second todebzio. — Non, ils sont déjà tout près des rivages de l'océan Glacial.

Le troisième todebzio. — Prends-les dans la forêt.

Le quatrième todebzio. — Ils courent maintenant sur le fleuve tout droit vers la ville d'Obdorsk. Ils sont attelés à un traîneau et conduisent un jeune Iakoute chez sa fiancée... ha-ha-ha !

Les todebzios en chœur. — Ha-ha-ha-ha !

Todibey. — Vous vous moquez de moi! Vous dansez, sautez sur mes genoux, sur mes bras, sur mes épaules et sur ma tête! Vous me regardez en me narguant dans les yeux, vous riez tout droit dans mes oreilles! Oh! finissez, esprits ! Cherchez les rennes!

Les todebzios. — Nous t'avons dit déjà où il fallait prendre les rennes.

Todibey. — Ne mentez pas. Si vous mentez, je m'en trouverai mal. Mes camarades se moqueront de moi. Parlez franchement! Dites le bien ou le mal, pourvu que ce soit la vérité! Si vous vous embrouillez, ce n'est pas à moi seulement, c'est à vous aussi que les Samoyèdes cesseront de croire, ce n'est pas moi seulement, mais vous aussi qu'ils cesseront de respecter.

Le premier todebzio. — Demain matin le Samoyède Ildia trouvera ses rennes sur la lisière
du bois, tout près du village.

Todibey. — C'est votre dernier mot ?

Le sorcier se tut, comme s'il prêtait l'oreille à
quelque chose, et après un certain temps il ajouta :

— Les todebzios ont disparu ! Je ne les vois
plus, je n'entends plus leurs voix, je ne sens plus
leur présence sur mes épaules, mes bras, ma
tête...

Sinti était très affligé. Le rite de la sorcellerie
avait pris fin et encore une fois il n'avait pas vu
les todebzios.

Todibey découvrit sa figure et regarda Ildia
d'un air triomphant.

— Vois-tu, tu n'avais nul besoin d'aller dans
la toundra ; tu n'avais qu'à m'obéir à moi.

— Tu as raison ! répondit le jeune homme en
baissant tristement la tête.

Todibey ôta ses vêtements de cérémonie, reçut
un agneau en récompense de sa prédiction, et il
se dirigeait déjà vers la porte quand quelqu'un
l'arrêta en le tirant doucement par la manche.
Le sorcier se retourna. Devant lui se tenait Sinti,
pâle et tremblant. D'une voix mal assurée, il lui
dit :

— Oncle Todibey... fais-moi voir les todebzios ;
fais que je puisse les apercevoir.

— Les esprits ne se montrent pas à tout le
monde, répondit le sorcier, — il faut en être digne.

— Et comment ? demanda Sinti, en regardant
timidement le vieillard dans les yeux.

— Il faut m'obéir, il faut apprendre à évoquer les esprits et à se lier avec eux.

Sinti eut peur et recula de deux pas en arrière.

— Veux-tu devenir mon élève ? demanda Todibey ?

Sinti, sans répondre, se jeta sur un banc et se couvrit la tête d'une peau de renne. Le sorcier le suivait du regard.

— Vois-tu, dit-il, quel poltron tu es ! et tu me demandes encore de te faire voir les todebzios ! Mais si tu les voyais, tu mourrais de peur.

Sinti restait couché, la figure couverte, et ne répondait pas. Le sorcier le regarda longtemps ainsi enveloppé et sortit enfin de la iourta, en grommelant :

— Ce serait bon de prendre ce garçon comme disciple. Il est plein de curiosité. Je n'ai pas d'élève. Il faut absolument m'emparer de ce Sinti. Je persuaderai à Mianda de me le donner.

Il fait nuit. Le village samoyède dort d'un sommeil profond. Todibey s'achemine tout doucement vers sa iourta. Le sentier qu'il s'est frayé jusqu'à sa iourta est encombré de neige. Mais Todibey n'y fait pas attention. Il ne s'égarera pas. Il connaît la lisière de la forêt assez bien pour pouvoir, même en fermant les yeux, arriver jusqu'à sa iourta ; chaque arbre lui est connu. Ici, à droite, se trouve un cèdre gigantesque sous son bonnet de neige ; là, à gauche, un pin et un sapin se sont serrés l'un contre l'autre en entrelaçant leurs branches. C'est juste à la moitié du chemin. Plus

loin, sous des pins séculaires se sont réfugiées
des boulaies rabougries et des églantiers dont les
sommets seuls apparaissent de dessous la neige,
sous la forme de brindilles dressées. Plus loin
encore s'étendent de jeunes sapins qui se conti-
nuent jusque tout près de la iourta. Ceux-là,

Les loups.

Todibey les abat pour le chauffage. Derrière la
iourta s'élève la forêt vierge infinie comme la
toundra. Là habitent les ours, les zibelines, les
renards, les martres, les hermines, les écureuils.
Des loups, il n'y en a pas. Ils n'aiment pas les
fourrés. Il leur faut de petits bois clairsemés, où
l'on peut errer facilement.

Todibey suit son chemin et pense :

16

— Il faut absolument que je prenne ce Sinti chez moi. Il me plaît beaucoup. Il deviendra un excellent sorcier.

Et il se rappelle tout à coup de quelle façon on a fait de lui-même un sorcier. Dans son enfance, il était tout aussi curieux que Sinti et courait toujours là où s'accomplissaient les rites de la sorcellerie. Le vieux sorcier s'en aperçut et lui dit :

— Viens, mon garçon, chez moi, dans ma iourta, je te ferai voir les todebzios.

Il y consentit. C'était par une soirée d'automne; il se faisait tard. Le sorcier conduisit le garçon par la main dans sa iourta, la même où Todibey se rendait maintenant. Ils suivaient la forêt, l'enfant avait peur, il faisait sombre, une pluie fine tombait. A mi-chemin, le garçon se mit tout à coup à pleurer et voulut revenir chez lui. Mais le sorcier ne le lâcha pas; il lui serra fortement la main, et l'enfant ne put s'échapper. Ils arrivèrent dans la iourta. Le sorcier alluma un feu, grilla sur les charbons un morceau de viande de renne et donna à manger à son hôte. Puis il lui dit :

— Maintenant, mets-toi au milieu de la iourta.

L'enfant obéit. Le sorcier lui banda les yeux, attacha sur sa poitrine un tambour et lui ordonna de tambouriner, tandis que lui-même le frappait sur la tête et sur le dos. L'enfant ressentit d'abord une grande souffrance, puis il n'éprouvait plus qu'une sensation de chaleur. Et tout à coup il lui sembla que tout s'illuminait autour de lui et que sur ses bras dansaient des todebzios. Il en fut

si effrayé, qu'il cessa de tambouriner et se précipita vers la sortie ; mais la porte se trouvait
fermée. Dès lors, il devint le disciple du sorcier ;
il écoutait ses récits sur les miracles de toute
sorte accomplis par les todebzios, apprenait
les chansons et les conjurations et en même
temps servait le sorcier. Il lui portait de l'eau,
coupait les jeunes arbres pour le chauffage, il
préparait la nourriture. Le sorcier était vieux,
le travail lui devenait pénible ; en outre, il était
souvent malade, et s'il n'avait pas eu de disciple,
il n'aurait eu personne pour le soigner. Le vieux
maître mourut ainsi dans les bras de son jeune
élève.

Todibey, en se dirigeant maintenant vers sa
iourta, se rappela aussi qu'après avoir passé
plusieurs années avec son maître, il avait dû, après
sa mort, encore adolescent, vivre dans la solitude.

Revenir dans le village, il ne le voulait ni ne
le pouvait. Il considérait déjà tous les Samoyèdes
comme étant au-dessous de lui ; ceux-ci, à leur
tour, le craignaient et cherchaient à l'éviter. En
outre, il s'était attaché à son métier.

La tête remplie de ces souvenirs, Todidey
revint chez lui. Avant d'entrer dans sa iourta, il
se dirigea vers le hangar, où se tenaient, liés par
les cornes, deux rennes.

Il les détacha et leur donna la liberté.

Les animaux s'élancèrent le long de la lisière
de la forêt, dans la direction où se trouvait le
village. Todibey les suivit du regard et se mit à
rire, en disant à haute voix :

— Eh bien ! Ildia, les voilà, tes rennes ! Les todebzios les ont trouvés et ont indiqué l'endroit où les prendre ! Ha ! ha ! ha !... Des imbéciles comme toi devront toujours apprendre à vivre de gens adroits comme moi !...

Il les détacha et leur donna la liberté.

Le rire de Todibey trahissait la joie du méfait accompli. La forêt répétait ce rire. Le vieillard fit entrer l'agneau donné par Ildia dans la iourta et y alluma immédiatement du feu. La iourta s'éclaira. Sur le plancher étaient couchées plusieurs brebis ; sur les bancs s'empilaient des tas de peaux de rennes ; on voyait accrochés aux murs quantité de vêtements, de quoi exciter l'envie de n'importe quel Samoyède ; les étagères regorgeaient de vaisselle, de pain, de poisson, de viande de renne avec une grosse bouteille d'eau-de-vie. Sur la table on apercevait un chandelier avec une chandelle, une théière en argile et un gobelet où restait du thé. Todibey regarda autour de lui, en se demandant si tout était demeuré intact. Personne n'avait touché à rien. Et qui est-ce qui lui aurait pris quelque chose? Il n'y a pas de voleurs parmi les Samoyèdes. Et s'il y en avait, qui donc oserait toucher un objet appartenant à Todibey ? Chacun croit que cela lui porterait malheur; chacun est persuadé que tout ce qui appartient au sorcier se trouve sous la sauvegarde des mauvais génies.

Tout est intact et tout abonde chez Todibey. Il est plus riche et mène une vie meilleure que les autres Samoyèdes. Personne ne boit du thé, personne n'a aucune idée des chandelles, personne n'a une provision d'eau-de-vie ; Todibey, lui, a tout cela. Il va à la ville plus souvent que les autres Samoyèdes, il ne fuit pas les Russes et fait avec eux le commerce des animaux domestiques et des peaux de bêtes fauves. Lui seul est en état d'acheter des objets de luxe, tels que le thé et les chandelles.

Dans la cheminée pétille le bois ; Todibey s'est couché sur un banc et songe :

— Pourtant, il me sera bientôt difficile d'emmener des rennes de chez les Samoyèdes, je deviens vieux ; mes forces dépérissent, et pour dire la bonne aventure à propos d'une brebis ou d'un cochon disparus, on ne donne pas grand'chose.

Au-dessus de la porte étaient suspendues des bottes d'herbes sèches, les unes salutaires, les autres nuisibles. Grâce à elles, Todibey pouvait bien guérir un homme, mais il pouvait aussi l'expédier dans l'autre monde.

— Il faudra mettre en œuvre les herbes, pensa-t-il, en jetant un regard sur les provisions recueillies pendant l'été.

Le vieillard s'endormit et rêva de Sinti. Il lui semblait que l'enfant s'enfuyait loin de lui, et que lui le rattrapait en disant à haute voix :

— Tu ne m'échapperas pas, je saurai te prendre.

Le matin arriva. Mianda, Ildia et Sinti dormaient encore d'un profond sommeil, lorsqu'un de leurs voisins entra dans leur iourta.

— Ildia! appela-t-il, pourquoi fais-tu le paresseux?

— Quoi donc?... dit Ildia en se frottant les yeux.

— Je reviens de la forêt, où j'ai coupé du bois, continua le voisin.

— Eh bien! que suit-il de là?

— Il s'ensuit que sur la lisière, tout près de la route, j'ai vu deux rennes. Regarde donc, si ce ne sont pas les tiens. Il me semble que oui.

Ildia sortit précipitamment de la iourta et trouva en effet ses rennes. Des voisins entourèrent le jeune homme.

— La prédiction de Todibey s'est réalisée, leur dit Ildia.

Et il leur raconta tous les détails de la cérémonie. Aussitôt, tout le village apprit la nouvelle, et plus que jamais l'on crut au vieux sorcier.

CHAPITRE III

UN MARIAGE OSTIAK

Quelle est la plus belle et la plus laborieuse
des jeunes filles samoyèdes? Qui est-ce que les
jeunes gens recherchent en mariage à qui mieux
mieux? C'est Nioudé (1), la fille de Sanat (2), un
Samoyède riche et estimé. Nioudé demeure avec
son père et sa mère dans le village d'Obskaïa, à
une trentaine de verstes (3) des iourtas où vivent
Ildia et Sinti. Ils se considèrent comme voisins.
Le village s'abrite sur le rivage de l'Obi, tandis
que la iourta de Sanat se trouve au sommet de
la colline. Elle est plus vaste que toutes celles
du village. A sa fenêtre brille un carreau, ce qui
lui donne un air de luxe. Luxueuse est également,

---

(1) Nioudé signifie *petite*.
(2) Sanat veut dire *conclusion, fin*.
Les Samoyèdes n'ont pas de noms propres, leur religion
ne comporte pas de saints. Le père du nouveau-né lui donne
le nom de l'objet qui lui vient le premier à l'esprit ou qu'il a
aperçu le premier.
(3) La verste vaut 1.067 mètres.

à l'intérieur, la demeure de Nioudé, car ses murs de poutrelles sont tapissés de feutre de différentes couleurs, les bancs sont couverts de nattes, par-dessus les peaux d'animaux, et sur les étagères on aperçoit non seulement des ustensiles d'argile, mais aussi de la vaisselle en cuivre et en verre. Sanat possède cent têtes de rennes, que fait paître son fils avec ses serviteurs. Ils mènent une vie nomade et errent avec leurs troupeaux dans les toundras, en s'arrêtant là où les animaux trouvent leur nourriture, le lichen blanc. Le fils procure à son père des peaux de rennes, de la viande et parfois, — quand il a l'occasion de se rendre à quelque foire ou dans une contrée habitée et de faire du commerce — de l'argent, des vêtements, du pain. Sanat est riche. mais son père, son aïeul, son bisaïeul et son trisaïeul étaient encore plus riches. Sanat est très considéré pour son bon sens par ses voisins, qui viennent souvent le consulter, mais combien plus considérés étaient ses ancêtres!

Le vieillard descendait d'une race princière, et ses aïeux avaient connu des temps plus heureux. Plusieurs siècles en arrière, au temps où les Russes n'avaient pas encore conquis la Sibérie, les princes samoyèdes, des Sanat, eux aussi, dominaient sur les rives de l'Obi, sur les forêts et la toundra.

Il n'y avait alors ni villes, ni villages, ni usines russes, personne ne labourait la terre, personne ne la creusait pour en tirer des métaux, personne n'élevait de digues sur le fleuve, ne troublait le silence de la forêt avec le bruit des haches. La terre se couvrait tranquillement d'herbe et donnait de la pâture aux troupeaux. L'Obi fournissait tant de poisson que les Samoyèdes ne pouvaient pas le manger en entier; dans la forêt vierge on pouvait prendre les hermines et les zibelines presque avec les mains. Où que le Samoyède allât, tout lui appartenait. Le sauvage croyait que la terre et l'eau n'existaient que pour nourrir sa race, que la forêt obscure et impénétrable qui fourmillait d'animaux et sommeillait depuis des siècles, n'était créée par Noum que pour lui, le sauvage. Le Samoyède vivait insouciant et oisif, en jouissant des richesses de la nature qui l'entourait.

Leurs princes jugeaient les rares différends qui naissaient entre eux, rares parce qu'ils n'avaient même pas de raison d'être. Ils prenaient le commandement, lorsqu'ils avaient à se défendre contre les attaques d'autres tribus, ou à les attaquer eux-mêmes pour le plus grand profit de leur propre tribu. Pour cela, le peuple samoyède leur payait un tribut en objets de toutes sortes, chacun selon ses moyens. Ces princes étaient riches; ils possédaient des dizaines de milliers de rennes. Non moins considérés étaient alors les prêtres. Les temples des idoles s'élevaient en toute sécurité aux bords des fleuves et dans la profondeur des forêts; les fétiches étaient parés de brocart et de peaux de zibelines et d'hermines. Quand on offrait un sacrifice à un dieu, toute la tribu se réunissait et le festin durait plusieurs jours.

Les Samoyèdes vécurent ainsi pendant des siècles, sans s'occuper d'autre chose que de ce qu'ils avaient sous les yeux. Et voilà que tout à coup, un peu plus de trois siècles auparavant, ils apprirent que de l'ouest, par delà les monts Ourals, s'avançaient vers eux des hôtes terribles. Les prêtres ou chamans, ainsi que les chefs, secouèrent leur léthargie et prêtèrent attention. Ils envoyèrent des messagers et allèrent eux-mêmes s'enquérir des nouvelles. Et les nouvelles qui arrivaient étaient de plus en plus effrayantes. Les Samoyèdes, en apprenant que le puissant peuple russe marchait contre eux, s'émurent. Les prêtres et les chefs se mirent à faire des préparatifs de guerre. Peu à peu ils apprirent que les tribus voisines avaient succombé l'une après l'autre, que les Russes s'étaient emparés de l'Oural et après avoir passé les monts, s'étaient embarqués sur des radeaux et lancés sur les fleuves. Et voilà que les radeaux apparurent sur l'Obi. L'eau, la forêt et les prairies retentirent du fracas des fusils et des canons, jusque-là inconnus des Samoyèdes, et s'arrosèrent de sang... Des années se passèrent... Les Russes avaient élevé des forteresses et des villes, bâti des villages; l'Obi fut endigué; des chemins furent tracés dans les forêts; des fabriques et des usines s'établirent. Les temples des idoles furent brûlés. Le prince samoyède, l'ancêtre du Sanat actuel, se transforma en maire du bailliage; il ne recevait plus de tribut des Samoyèdes et ses richesses diminuèrent.

Le père de Nioudé, le vieux Sanat, sait quel rôle ont joué ses ancêtres. Il ne peut pas l'oublier, parce que dans son coffre est conservé le diplôme de prince octroyé par l'impératrice Catherine II à son bisaïeul. Dans ce même coffre se trouve aussi, garni de galons, le cafetan de son aïeul, le dernier maire du bailliage. Du reste, tout en connaissant leur origine princière, Sanat et sa famille n'y attachent aucune importance, car dans leur existence actuelle le titre de prince ne peut leur apporter aucun profit réel. Sanat vit comme un simple Samoyède ; son fils, Inel (1), s'occupe de l'élevage des rennes, sa femme Ioukh (2) et sa fille Nioudé vaquent aux soins du ménage.

Nioudé était considérée comme une beauté parmi les Samoyèdes. Petite, la taille fine, la figure arrondie avec de grands yeux noirs et des cheveux noirs bouclés, elle se distinguait par son caractère enjoué et la diligence surprenante avec laquelle elle travaillait. Tous les jeunes gens se plaisaient à regarder Nioudé ; bon nombre d'entre eux l'avaient demandée en mariage, mais ils avaient essuyé un refus. Aucun ne lui plaisait et elle avait prié son père de ne pas la marier.

Un jour d'été, il se trouva qu'Ildia, en revenant chez lui des iourtas éloignées, traversa le village d'Obskaïa. Il marchait dans les prairies nouvellement fauchées. Le soleil se cachait derrière la forêt. Ses derniers rayons jetaient des taches rouges sur les toits des iourtas, sur les cimes des

(1) Inel veut dire *eau.*
(2) Ioukh signifie *arbre.*

arbres, sur les hautes meules de foin qui s'élevaient çà et là dans les prés. L'Obi, que n'éclairaient plus les rayons crépusculaires, semblait un
large ruban miroitant où se réfléchissaient le ciel
pâle du nord et les rives bordées de iourtas qui
apparaissaient renversées dans l'eau, le toit en
bas. Ildia suivait la rive, en aspirant l'odeur du
foin coupé, et regardait dans l'eau. La soirée était
calme, la nature se préparait au repos. Seul, quelque part au loin, retentissait le cri du râle et
au-dessus de la tête d'Ildia planait avec un bourdonnement incessant une colonne de cousins. Le
gars marchait et ne songeait qu'à regagner au
plus vite sa maison.

Là, derrière les prés, où l'on apercevait des buissons, était amarré son canot. Le détacher, le lancer à l'eau et descendre le fleuve, voilà ce que
voulait Ildia. Il était fatigué et avait faim. Tout à
coup une chanson retentit. Une voix de femme,
sonore et douce, chantait quelque part au-dessus
d'Ildia :

— Voilà un beau gars, qui suit la rive; il est
fort, il ne craint pas l'ours; il est courageux, il ne
tremblera pas devant un méchant homme (1).

Ildia leva les yeux et rencontra le regard des
yeux noirs de Nioudé. La chanson s'interrompit
brusquement; un rire sonore s'égrena. La jeune
fille était étendue sur une meule de foin, la tête
appuyée sur ses mains et de là-haut regardait

(1) Les Samoyèdes, comme les autres tribus du nord de la
Sibérie, chantent, la plupart du temps, des chansons qu'ils im-
provisent eux-mêmes.

La jeune fille était couchée sur une meule de foin, la tête appuyée sur ses mains, et de là-haut regardait Ildia.

Ildia. Les rayons du couchant jetaient des reflets rouges sur son visage animé, sur ses cheveux bouclés, ornés d'une couronne de fleurs des champs, sur sa taille svelte, sérrée dans une chemise blanche brodée de coton rouge, sur ses pieds nus, qu'elle balançait comme un enfant.

— Ah! ah! Nioudé! et seule... Que fais-tu là? demanda Ildia, en s'arrêtant auprès de la meule.

— Il fait bon ici; à la maison on s'ennuie et l'on a trop chaud.

— Et si ton père s'aperçoit de ton absence?

— Il vient de partir avec son serviteur.

Nioudé se coucha sur le côté, tira un morceau de renne séché et se mit à le déchirer avec ses dents blanches et régulières. Ildia, affamé, jeta involontairement un coup d'œil furtif sur le morceau de viande. Nioudé comprit ce coup d'œil.

— Veux-tu souper avec moi? demanda-t-elle.

Le gars piétinait sur place.

— Si tu as faim, grimpe par ici! lui dit la jeune fille.

Elle s'assit en repliant ses jambes sous elle et frappa avec sa petite main brune sur le foin, en indiquant à Ildia une place à côté d'elle.

Avec l'agilité d'un écureuil, le gars grimpa en haut, et, un instant plus tard, il partageait le souper de Nioudé. Les jeunes gens mâchaient silencieusement. La jeune fille regardait de côté et d'autre, Ildia la contemplait et songeait:

— Qu'elle est jolie! Comment ne l'ai-je pas remarqué plus tôt?

Les derniers rayons du soleil disparurent, derrière la forêt n'apparaissait plus qu'une traînée rose. La forêt, l'eau, les prairies et les iourtas s'obscurcirent.

— Pourquoi es-tu si fière? pourquoi ne veux-tu pas te marier? fit tout à coup Ildia.

— Je veux me faire prêtresse (1), servir les dieux, répondit Nioudé avec un soupir.

Mais un instant après, elle partit d'un nouvel éclat de rire.

— Tu ne fais que rire.

— Eh bien! veux-tu donc que je pleure? Est-ce ma faute, si tous ceux qui m'ont demandée en mariage ne me plaisaient pas?

— Personne ne te plaira! fit Ildia en avalant la dernière bouchée.

— Si, je me marierais, s'il se trouvait un gars...

— Lequel?

— Mais un qui n'aurait pas peur de parler et de discuter avec Todibey, qui marcherait seul contre un ours, qui serait sobre, raisonnable, et plus hardi à l'ouvrage que tous les autres.

Ildia devint rêveur.

— Vous êtes riches, ton père ne te donnera pas même à un gars de cette espèce, si son *kalyme* (2) n'était pas considérable.

— Essaie donc, toi! fit Nioudé en riant.

Ildia voulait répondre quelque chose, mais avant qu'il eût ouvert la bouche, la jeune fille sauta à terre et s'élança vers les iourtas avec la

---

(1) La prêtresse, comme le prêtre, est vouée au célibat.
(2) Le *kalyme* est la rançon qu'on paye pour la fiancée.

rapidité d'un garçon agile. Son rire résonnait dans l'air calme.

Sur le fleuve se leva un brouillard. Les prairies aussi apparurent par-ci par-là, comme effleurées de taches blanches et transparentes, qui, en oscillant, s'étendaient rapidement en largeur et en hauteur. Ildia s'achemina, rêveur, vers son canot.

Dès lors, le jeune homme conçut l'idée de demander Nioudé en mariage ; mais le sombre automne et la moitié de l'hiver se passèrent avant qu'il se hasardât à tenter cette démarche.

Une quinzaine de jours avant la disparition des rennes de chez Ildia et son voyage dans la toundra, un traîneau étroit, attelé de trois rennes, s'arrêta devant la iourta de Sanat. Du véhicule descendirent Mianda et son voisin, un vieux Samoyède, ami de son défunt mari, Arka (1). Les parents de Nioudé comprirent quels hôtes leur arrivaient, et la porte de Sanat s'ouvrit hospitalièrement devant eux. Les vieillards attendaient depuis longtemps des messagers d'Ildia, parce que Nioudé parlait souvent de lui à sa mère qui redisait au père chacune des paroles de sa fille.

C'était le soir. La iourta était éclairée par le feu qui flambait dans la cheminée. Dehors, il gelait à pierre fendre, mais l'habitation de la fiancée était chaude, gaie et accueillante. Sanat et Ioukh invitèrent les hôtes à s'asseoir près du foyer, tandis que la fiancée se cachait dans un coin sombre

---

1) Arka signifie *grand*.

de la iourta, sous des vêtements qui se trouvaient accrochés au mur. Elle resta là tout le temps que durèrent les négociations. Elle entendait mot pour mot tout ce qui se disait auprès de la cheminée.

Ce fut Mianda qui, là première, aborda le sujet de la visite. Elle commença par dire que, bien que l'usage interdît aux femmes d'intervenir dans la demande en mariage, elle avait néanmoins cédé à la prière instante d'Ildia, celui-ci estimant qu'un cœur de mère trouverait plus aisément des paroles éloquentes en faveur de son fils. Puis, le médiateur Arka fit observer que, si Ildia ne possédait qu'une centaine de rennes à peu près, c'était, par contre, un garçon sobre, laborieux, et qui valait à lui seul une quantité innombrable de n'importe quels animaux. Sanat, qui avait appris par sa femme les bonnes dispositions de sa fille pour Ildia, ne demanda point un kalyme aussi grand qu'il l'exigeait des autres prétendants. Arka et Mianda, selon l'usage, implorèrent une concession ; le vieillard insista, mais faiblement, rien que pour satisfaire aux exigences du cérémonial samoyède en matière de mariage ; et bientôt le marché fut conclu à la satisfaction générale. Ildia devait apporter un kalyme de quinze têtes de rennes ; — le mariage s'accomplirait au bout de deux semaines et demie.

Après quoi Ioukh apporta un broc d'eau-de-vie et un gobelet ; maîtres et hôtes se congratulèrent les uns les autres sur leur succès. On appela Nioudé pour lui déclarer qu'elle était la fiancée d'Ildia. Toute rouge, la jeune fille s'approcha de la cheminée, et par pudeur se couvrit le visage avec sa manche. On la félicita, et on l'obligea à boire un gobelet d'eau-de-vie à la santé de son futur mari.

En ce moment l'eau du chaudron suspendu sur le feu se mit à bouillir; Ioukh y mit du gruau et du poisson et au bout d'une demi-heure servit à ses hôtes, au milieu de la iourta, un souper plantureux. Il y avait là de la soupe au poisson et du poisson cru, de la viande de renne crue et essorée, du gruau d'orge, arrosé de graisse de mouton fondue, et de l'eau-de-vie en abondance. Le festin se termina par des os de renne à moelle, qui furent distribués à tous les assistants, en guise de dessert. Tout le monde s'assit auprès du feu, où chacun s'appliqua à retirer des os, — n'importe comment, mais la plupart avec les doigts, — la moelle refroidie et à la faire fondre dans la bouche.

Mianda était heureuse à l'idée d'apprendre à son fils le brillant résultat qu'elle-même n'eût pas osé espérer de sa démarche.

Au moment où Ildia avait retrouvé ses rennes sur la lisière de la forêt, deux jours seulement le séparaient de son mariage avec Nioudé. Ce temps se passa dans les préparatifs du festin de noces. Le fiancé s'était approvisionné d'eau-de-vie; Mianda cuisait et rôtissait de la viande de renne, de mouton, de porc, ainsi que du poisson. Plusieurs voisines lui prêtaient assistance. On avait raclé et nettoyé la iourta, lavé le plancher, badigeonné la cheminée avec de l'argile fraîche et étendu des peaux de rennes neuves sur les bancs. Dans la iourta se répandait le fumet appétissant des plats qu'on n'apprêtait que pour les très grandes solennités. Ce fumet faisait venir l'eau à la bouche à Sinti : il jetait des coups d'œil d'impatiente convoitise sur les étagères propres qui se garnissaient peu à peu de plats, de terrines et de jattes, remplis de morceaux friands. Il aurait voulu goûter si peu que ce fût à chaque plat, mais il était obligé d'attendre.

Lorsque vint le jour du mariage, la famille du fiancé, s'étant levée de bonne heure, revêtit les costumes de fête, quoique Mianda et Sinti ne dussent prendre aucune part à la cérémonie ce jour-là. Mianda se trouva prête avant tous les autres. Elle portait, par-dessus la chemise ornée de cordons et de rubans rouges, une pelisse neuve de petit-gris, couverte de nankin bleu. Les pans de cette pelisse, qui lui tombait jusqu'aux talons et par sa coupe ne se distinguait pas d'une pelisse d'homme, étaient noués depuis le col jusqu'au bas par des rubans de différentes couleurs. Sur sa poitrine, par-dessus la pelisse, s'étalait un collier en petites pièces d'argent. Sa tête était coiffée d'un mouchoir multicolore à carreaux, noué de façon que la frange cousue de monnaies d'argent recouvrit le front jusqu'aux sourcils. Des bottes neuves en peau de renne, décorées de plaques en cuivre, complétaient le costume de Mianda.

Celui de Sinti se composait de bottes neuves et

d'une « malitza », neuve aussi, serrée à la taille
par une ceinture rouge.

Ildia, en sa qualité de fiancé, était le mieux
paré de tous. Il portait, au lieu d'une malitza, un
cafetan en drap bleu, fourré de petit-gris. Ce cafetan, brodé d'or sur les coutures et garni de fourrures de loup, était ajusté à la taille par une ceinture de brocart, ornée de boutons et de boucles
métalliques. De dessous le cafetan, sur les tiges
des bottes neuves descendaient des pantalons en
drap bleu.

A peine Ildia avait-il boutonné le dernier bou-
ton de son costume, que le médiateur Arka entra
dans la iourta en déclarant qu'il était temps de se
rendre chez la fiancée. Six rennes attelés à un
traîneau emportèrent le fiancé et le médiateur
vers les iourtas du village d'Obskaïa.

Nioudé venait à peine de s'habiller. Elle tressa
ses longs cheveux ondulés en deux nattes qu'elle
entoura de perles fausses et de rubans rouges.
Sur la tête elle se mit un bandeau, orné de paillettes d'or et d'argent. Elle portait une chemise
d'indienne multicoloré, brodée sur la poitrine, les
bras et dans le bas, de soies de différentes couleurs,
de perles et de jais en verre et, sur cette chemise,
une souquenille plissée à la taille et bordée de
zibeline. Elle avait passé à ses oreilles des boucles où pendait une pièce d'argent ; un collier de
pièces semblables ornait aussi le cou de la fiancée. Dans sa parure de noces, Nioudé semblait
encore plus jolie que de coutume. Tous les invités l'admiraient ; la mère pleurait, le père fron-

çait les sourcils en regardant sa fille; ils avaient du regret à se séparer d'elle. Les femmes et les jeunes filles sortaient fréquemment de la iourta pour voir si le fiancé n'arrivait pas; les premières, elles aperçurent Ildia.

— Le fiancé arrive!... Le fiancé approche! criait-on dans la rue et dans la iourta.

Une agitation s'ensuivit. Les six rennes gravirent lentement la colline et s'arrêtèrent près de la porte.

Mais il n'était pas facile au médiateur et au fiancé d'entrer dans l'habitation de la fiancée. L'entrée en était gardée par les femmes et les jeunes filles. Elles avaient serré leurs rangs et, réunissant leurs efforts, repoussaient Arka et Ildia. Les deux partis faisaient mine de lutter pour tout de bon. Des rires et des saillies éclataient de toutes parts. Enfin le médiateur s'avise de racheter le droit de libre passage. Il tira du traîneau des coupons d'indienne et de drap préparés d'avance et les lança dans la foule de femmes.

Alors la porte de la iourta s'ouvrit toute grande et Arka, suivi d'Ildia, furent reçus par les parents de la fiancée. Le médiateur fut placé avant tout le monde; derrière lui, on fit asseoir les fiancés, puis venaient les invités. A partir du moment où Nioudé fut conduite auprès d'Ildia et installée à côté de lui, ils étaient déjà considérés comme mari et femme. Le premier gobelet d'eau-de-vie fut offert à Arka, le second aux jeunes mariés, qui y burent ensemble, à tour de rôle, en signe

Il tira du traineau des coupons d'indienne et de drap préparés d'avance
et les lança dans la foule des femmes.

d'affection et de concorde ; puis ce fut le tour des convives. Le matin, Sanat avait égorgé une renne en recueillant, comme de coutume, son sang dans un vase spécial ; on servit d'abord de la viande de renne, crue et fraîche, après laquelle on but du sang. Les nouveaux mariés eurent de nouveau un seul morceau de viande et un seul gobelet de sang à eux deux. Après ce mets friand, vinrent des canards, des gelinottes et des tétras rôtis ; comme dessert, des noix de cèdre et de la canneberge gelée. Le verre d'eau-de-vie fit plus d'une fois le tour des convives. Tous étaient gais, tous, après le repas, donnaient libre cours à cette gaieté en dansant et en chantant. Plusieurs gars avaient apporté avec eux des *khotolas* (1) et jouaient avec tant d'habileté des motifs de danse que les vieillards eux-mêmes se mirent à sauter. Ildia et Nioudé tenaient le premier rang : ils dansaient mieux que tous les autres. Les danseurs bondissaient, trépignaient et tournaient ; Ildia et Nioudé inclinaient leur taille tantôt d'un côté, tantôt d'un autre et exécutaient toute sorte de gestes. Les figures des danses étaient improvisées sur place.

Le festin dura jusque bien avant dans la nuit.

Le lendemain, dès l'aube, Ildia et Arka repartirent, laissant Nioudé chez ses parents. Selon la coutume de sa tribu, le jeune mari, de retour dans sa iourta, envoya tout de suite sa mère pour ramener la jeune mariée. Sanat, Ioukh et Nioudé,

---

(1) La khotola est un instrument dans le genre de la balalaïka russe — espèce de guitare à trois cordes.

tous prêts pour le départ, attendaient Mianda. La
dot de la mariée, qui se composait de vivres, de
peaux de rennes, de feutres, de nattes et de toutes
sortes de vêtements, était chargée sur plusieurs
traîneaux, attelés de rennes. La mariée devait
être accompagnée par les parents et les convives.
Mianda fut accueillie par un verre d'eau-de-vie
et par le dîner chaud qui venait d'être apprêté. Et
lorsque la vieille femme se fut chauffée et reposée,
le cortège se mit en route pour la maison du
marié. Nioudé avait été couchée dans le traîneau et
attachée. Les rennes attelés à son traîneau étaient
ornés de grelots.

Près de la iourta d'Ildia s'était rassemblée une
foule de femmes. Le soir vint. Dans le ciel bleu,
parsemé d'étoiles, voguait majestueusement la
lune. Sa clarté pâle et argentée tombait sur les
iourtas et faisait briller et scintiller la neige.

Ildia, Sinti et tous leurs voisins attendaient le
cortège de noces. Sinti entretenait le feu dans la
cheminée; Ildia sortait à chaque instant pour jeter
un regard sur la route, du côté par où devait
arriver sa jeune femme. Mais avant qu'on eût
aperçu le cortège, l'oreille d'Ildia fut frappée par
un tressaillement insensible de l'air. Un son de
grelots à peine perceptible passa dans l'espace et
s'éteignit. Ildia l'avait plutôt deviné qu'entendu.
Et de nouveau quelque chose résonna, puis se tut.
Le bruit reprit, moins indistinct. Cette fois, tout
le monde l'entendit, et comme le marié se mit à
regarder du côté par où il venait, le son des grelots
se fit enfin entendre dans toute sa netteté et

d'une manière continue ; il s'y joignit le grincement des patins des traîneaux, un bruit sourd de
voix, de sabots de rennes au galop, et tout à coup,
à la descente d'une colline, le cortège apparut,
comme s'il surgissait du sol aux yeux de ceux
qui l'attendaient. Les femmes qui se tenaient
devant la iourta d'Ildia se séparèrent immédiatement en deux groupes et se plantèrent des deux
côtés du chemin. Le premier traîneau, où se trouvaient les parents de la mariée, passa avec la
rapidité de l'éclair devant la iourta d'Ildia ; le
second, où était attachée Nioudé, avançait plus
lentement. Des deux côtés les femmes se précipitèrent sur le second traîneau et l'arrêtèrent.

Elles entouraient la mariée et lui criaient :

— Ird-amdiou ? (Pourquoi es-tu couchée ?)

— Iagchi-iazida ? (Tiens-toi droite.)

— Nesser-plé. (Ton père est vivant.)

— Neber-plé. (Ta mère est vivante.)

Plusieurs femmes se penchaient sur la figure
immobile de Nioudé, lui prenaient le visage avec
les mains en disant :

— Séta sava. (Joli visage.)

Puis les femmes se reculèrent, changèrent
de place, entourèrent encore une fois la mariée en
prononçant les mêmes phrases.

Cela se répéta trois fois, après quoi les femmes
appelèrent Ildia, détachèrent Nioudé et la remirent au marié ; en s'apercevant qu'ils avaient
laissé en arrière leur fille, Sanat et Ioukh, retour-
nèrent auprès de la iourta d'Ildia, où Mianda les
invita solennellement, ainsi que tous les membres

du cortège, à entrer dans son habitation. Un dîner abondant, copieusement arrosé d'eau-de-vie, attendait les convives, au nombre desquels se trouvait le chaman ou prêtre samoyède, un vénérable vieillard aimé de tous.

Le chaman fréquentait rarement des festins semblables, mais cette fois il était venu volontiers, car il nourrissait pour Nioudé une affection et une reconnaissance toutes particulières. Jusqu'au jour de son mariage, dans le seul désir sincère de complaire aux dieux et au vieillard, la jeune fille cousait des costumes pour les idoles que le chaman préparait en vue de la vente.

Nioudé mariée, le chaman ne lui demanderait plus des services semblables, puisque la mission de vêtir les idoles n'est confiée qu'aux jeunes filles, qui ne sont pas occupées par les soins du ménage. Ce soir-là, le prêtre, pour la dernière fois, remercia chaleureusement Nioudé des services qu'elle lui avait rendus pendant quatre ans. Le vieillard était un hôte qui faisait honneur à Ildia. Tout le monde était content de sa présence, qui ne pouvait apporter dans la maison que des bénédictions.

Tout autrement était considérée la présence à une fête quelconque de Todibey. Quant aux noces, non seulement on ne l'y invitait jamais, mais on ne le laissait même pas entrer, s'il essayait de venir sans être invité. On craignait l'ensorcellement et les méchants tours des todebzios.

Todibey connaissait l'opinion qu'on avait de lui, et pourtant il aimait à bien manger et à boire aux dépens d'autrui. Il recourait donc dans ces occasions à la ruse, ce qu'il fit aussi cette fois. Il s'approcha de la porte de la iourta et y frappa trois coups avec le poing. Ildia comprit que c'était Todibey et, pour amadouer le vieux, lui porta dehors un plat garni de toute sorte de mets et une bouteille d'eau-de-vie. Le vieux sorcier en ressentit une grande joie, si grande, qu'au lieu de s'en retourner chez lui, il grimpa sur un hangar couvert de neige presque jusqu'au toit et se mit à manger et à boire à même le goulot la boisson enivrante.

Il aimait l'eau-de-vie et ne savait pas se modérer. Il ne quitta pas la bouteille qu'il n'en eût avalé jusqu'à la dernière goutte. Après avoir accompli cet exploit, il s'endormit sur place. Et le froid était très fort.

Le matin on trouva le sorcier mort. Il avait gelé pendant son sommeil.

Les Samoyèdes tinrent conseil entre eux et résolurent d'enterrer le sorcier aux frais de la communauté. On porta son corps dans la iourta la plus proche où on le lava et le revêtit de neuf, chacun ayant à cet effet fait don, qui d'une chemise, qui d'une malitza, qui d'une paire de bottes.

Deux jeunes gars creusèrent une fosse dans la forêt. Sanat donna pour l'enterrement un renne et un traîneau, et Ildia les vivres nécessaires. Il fallait bien recourir aux dons, puisque personne ne pouvait se résoudre à se rendre dans la iourta de Todibey et à toucher à ses effets. Lorsqu'on eut recueilli tout ce qui était nécessaire, on plaça sur le traîneau le corps de Todibey, on le couvrit d'une peau de renne et on le conduisit vers la tombe. Sur le même traîneau on chargea tout ce

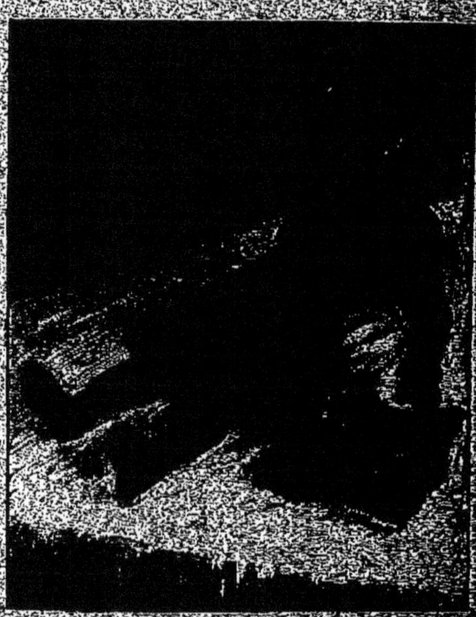

Il ne quitta pas la bouteille qu'il n'en eut avalé jusqu'à la dernière goutte.

que les Samoyèdes croyaient nécessaire au défunt, et, ce qui était considéré comme le plus important, le paquet de vêtements dans lesquel il accomplissait ses évocations. Ce paquet ayant été trouvé près du cadavre, Todibey ne s'en servit jamais.

Ceux qui voulaient suivre le mort entourèrent

le traîneau et allèrent à pied. Sinti se trouvait là. En proie à une terreur inconsciente, l'enfant s'approcha du bord de la fosse et jeta un regard au fond. Elle lui sembla tout à coup pareille à une gueule ouverte, prête à engloutir le premier qui y tomberait. Il recula d'abord, mais sa curiosité finit par prendre le dessus. Sinti resta à sa place et continua à regarder. On descendit le cadavre dans la fosse. L'enfant considérait cette pâle face immobile (1) qui, il y avait si peu de temps encore, inspirait la terreur, cette bouche close qui, trois jours avant, parlait aux todebzios, ces yeux fermés dont le regard autrefois effrayait et en même temps attirait Sinti. Le cadavre rigide, vêtu d'habits neufs, gisait, étendu dans la fosse. On jeta d'abord sur lui le paquet de vêtements en disant :

— Prends ceci ! peut-être en auras-tu besoin là-bas pour rendre service à quelqu'un.

Puis on descendit dans la tombe de la viande de renne, du poisson, de la viande de porc, une poignée de gruau, une pincée de sel, et on y déposa un porte-monnaie, un caillou et un briquet, pour que le défunt pût, dans l'autre monde, se préparer de la nourriture. Les Samoyèdes croient qu'après la mort l'homme continue le genre de vie qu'il menait sur la terre. La fosse avec le cadavre et les provisions qu'on y avait mises, fut couverte de planches et comblée avec de la terre, après quoi on plaça sur la tombe le renne donné par Sanat, et quatre Samoyèdes, armés de mas-

---

(1) Les Samoyèdes enterrent les morts sans cercueil.

sues, frappèrent l'animal à la tête. Le renne tomba inanimé.

Tous les assistants en témoignèrent une grande joie. Cela signifiait que personne ne devait mourir de si tôt. S'il arrive que le renne sacrifié sur la tombe commence à se débattre et à lever la tête, les assistants se livrent à un profond désespoir et courent autour en poussant des cris :

— Vastcha! vastcha! (malheur, malheur!)

Ils croient que dans ce cas quelqu'un des assistants doit mourir prochainement. Après avoir tué le renne, tous ceux qui avaient pris part au convoi funèbre mangèrent de la chair tiède et burent le sang de l'animal en l'honneur du mort. Puis ils allumèrent un feu sur la tombe, y jetèrent du sel, de la farine, du tabac, et se mirent à sauter par-dessus le brasier en piétinant la terre, afin de conjurer, par la fumée purificatrice, l'influence du défunt. Les Samoyèdes craignent les morts. On brûla dans le même feu les restes du renne, sauf la tête qu'on coupa et qu'on mit à part. Lorsque le brasier se fut éteint, on plaça sur la tombe le traîneau qui avait amené le cadavre, en le renversant, les patins en haut, et on posa par-dessus la tête du renne avec ses bois. La cérémonie des funérailles était terminée. Chacun s'en alla chez soi.

Vers le soir, la forêt s'illumina d'une grande flamme. C'était la iourta de Todibey qui brûlait. Les Samoyèdes avaient décidé de l'incendier avec tout ce qu'elle contenait; quant au bétail trouvé près de la iourta, il fut rendu à ses possesseurs

primitifs. Sinti assistait à cette terrible illumina-
tion, et il en revint tout distrait. Si d'une part il
était content à l'idée de ne plus revoir le méchant
sorcier, il n'en regrettait pas moins que la chance
d'apercevoir les todebzios eût disparu à tout jamais.

Le festin de noces d'Ildia, interrompu par les
funérailles de Todibey, recommença après l'incendie de la iourta et des effets du sorcier. La fête
dura plusieurs jours. Puis la vie rentra dans son
cours ordinaire. La iourta d'Ildia devint seulement plus gaie et plus accueillante. Nioudé aimait
son mari, traitait avec douceur son frère, aidait
Mianda dans les occupations du ménage. Son caractère enjoué répandait de l'animation dans
tout le logis. En revanche, lorsque la vieille
mère d'Ildia restait seule près de la cheminée en
attendant le retour de ses fils partis pour la chasse
ou pour la pêche, son inquiétude était plus grande
qu'auparavant. Au souci de ses fils venait s'ajouter celui de sa douce bru. Nioudé ne demeurait
pas avec sa belle-mère. Elle accompagnait son
mari et son frère dans la toundra, à la chasse et
à la pêche. Mianda, qui n'avait pas l'habitude de
quitter la iourta, ne s'opposait pourtant pas aux
absences de Nioudé.

La plupart des Samoyèdes se rendent à leurs
occupations en famille. Leurs femmes sont tout
aussi aguerries qu'eux-mêmes. Et il arrive souvent encore que Mianda reste assise comme auparavant auprès du feu, le menton appuyé contre

ses genoux, le regard fixé sur les dessins bizarres, formés par les cendres; elle prête l'oreille, écoutant si le grincement des patins du traîneau, le bruit de pas rapides n'arrivent pas jusqu'à elle ou si tout d'un coup la jeune voix de ses fils ou de sa bru ne va pas résonner près de la iourta...

FIN

TABLE DES MATIÈRES

PARIS. — IMP. P. MOUILLOT, 13, QUAI VOLTAIRE. — 62004